문과의 언어로 풀어낸
AI 필수 용어 56

문과의 언어로 풀어낸
AI 필수 용어 56

발행일　2025년 10월 13일 초판 1쇄
지은이　남규택
펴낸이　김일수
펴낸곳　파이돈
출판등록　제406-2018-000042호
전자우편　phaidonbook@gmail.com
전 화　070-8983-7652
팩 스　0504-053-5433
ISBN　979-11-991047-4-7　(03000)

ⓒ 남규택, 2025

책값은 뒤표지에 있습니다.

ESSENTIAL AI TERMS,

문과의 언어로 풀어낸
AI 필수 용어 56

SIMPLY EXPLAINED

남규택 지음

파이돈

들어가는 글

"API란 무엇인가요?"

검색해 보면 이렇게 나옵니다.

"컴퓨터나 컴퓨터 프로그램 사이의 연결이다. 일종의 소프트웨어 인터페이스이며, 다른 종류의 소프트웨어에 서비스를 제공한다."(위키백과)

"운영체제와 응용 프로그램 사이의 통신에 사용되는 언어나 메시지 형식이다."(두산백과)

"API란 함수의 모임으로, 프로그램들이 그것을 사용함으로써 귀찮은 일들을 운영체제가 처리하도록 만들 수 있다."(컴퓨터 인터넷 IT 용어대사전)

자, 이 설명들을 읽고 "아하, 이제 API가 뭔지 확실히 알겠어!"라고 외치신 분 계신가요? 그런 분들이 많았다면 이 책은 애초에 세상에 나오지 않았을 겁니다.

꽤 오래전, 문과 출신인 저는 'API'라는 말의 뜻을 이해하기 위해 마치 고고학자처럼 자료를 파헤쳐야 했습니다. 수십 번의 검색과 몇 권의 전문서적을 뒤졌지만, 어느 설명도 '이거다!' 하고 무릎을 탁! 칠 만큼 쉽지는 않았습니다. 결국 머릿속에는 "사용자가 데이터를 쉽게 요청할 수 있게 도와주는 소프트웨어 중개자"라는 흐릿한 개념만 남았습니다. 마치 안개 속에서 코끼리 다리를 만지며 "이게 코끼리야"라고 말하는 것 같은 기분이었죠.

요즘은 ChatGPT에게 "API를 쉽게 설명해줘"라고 물으면 이런 비유가 쏟아집니다.

"식당의 메뉴판 같은 거예요. 손님이 주방에 직접 들어가지 않고도 원하는 음식을 주문할 수 있게 해주는…."

아니면 "홀 서빙하는 종업원이죠. 손님의 주문을 받아서 주방에 전달하고, 완성된 음식을 다시 가져다주는 역할… "

그럴듯합니다. 하지만 여전히 뭔가 2% 부족하다는 느낌, 있으시지 않나요?

저 역시 그랬습니다. 그런데 어느 날, 공공데이터베이스에서 자료를 호출하는 과정을 담은 동영상을 보다가 갑자기 번개처럼 깨달음이 왔습니다.

"아, API는 민원서류 신청서구나!"

주민센터에서 주민등록등본을 발급받으려면, 먼저 신청서를 작성하죠. 대상자, 주소 이력 포함 여부, 주민등록번호 노출 여부 등을 선택한 뒤 직원에게 제출하면, 그 정보를 바탕으로 주민등록등본이 발급됩니다. API도 정확히 이와 같습니다. '정해진 양식'에 맞춰 요청을 보내면, 시스템은 거기에 맞는 데이터를 전달해 줍니다.

이 비유 하나로 모든 것이 명확해졌습니다. 수많은 정의와 복잡한 이론보다, 일상 속에서 누구나 경험해 본 장면 하나가 훨씬 강력한 설명이 될 수 있다는 것을 깨달았죠.

디지털 시대, 그리고 이제는 AI 시대입니다. 매일같이 새로운 용어들이 쏟아져 나오고 있습니다. WFM, Blockchain, AIaaS, RAG, Digital Twin, GPU, Parameter…

이 책의 제목엔 'AI 용어'라고 적혀 있지만, 엄밀히 말하면 AI를 포함한 더 큰 범주의 '디지털 용어'를 다룹니다. 왜냐고요? AI는 결코 혼자 존재하지 않기 때문입니다. 컴퓨터, 네트워크, 클라우드, 데이터베이스라는 디지털 인프라 위에서 작동하는 기술이 바로 AI니까요. 즉, API, 플랫폼, 클라우드 같은 개념은 AI 시대를 이해하는 데 있어 기본 문법입니다.

그런데 이 기본 문법조차 생소하다면?

회의 시간에, 보고서 작성 중에, 혹은 뉴스 헤드라인을 읽다

가도 낯선 용어에 막혀버리게 됩니다. 마치 외국어를 모른 채 해외여행을 떠난 느낌이랄까요. 이해가 안 되니, 점점 대화에서 소외되고 맙니다.

물론, 이 책은 모든 사람을 위한 책은 아닙니다. '운영체제(OS)', 'UX', '서버', '컴퓨팅 파워', 'URL' 정도의 기본 개념은 이미 알고 계신 분들을 위한 책입니다. 하지만 그 정도만 알고 계시다면, 이 책으로 충분히 '디지털 용어의 맥락'을 이해하실 수 있습니다. 이 책은 전문용어를 또 다른 전문용어로 설명하지 않기 때문입니다. 대학을 나온 사람이라면 누구나 이해할 수 있을 정도로 평이하게, 하지만 절대로 가볍지 않게 설명하려고 노력했습니다.

'민원서류 신청서'처럼, 익숙한 일상의 경험을 통해 복잡한 디지털 개념을 풀어내고자 했습니다. 도표나 수식보다는, 맥락과 연결, 그리고 "왜 이 용어가 지금 중요한가?"를 전달하는 데 집중했습니다.

이 책을 쓰기 시작했을 때, 주변에서는 이런 말도 들었습니다.

"그런 용어들, 구글링하면 다 나오는데 굳이 책까지 쓸 필요가 있을까?"

맞는 말처럼 들리죠. 요즘은 누구나 검색창에 용어를 쳐보면 수많은 설명을 볼 수 있으니까요. 하지만 막상 검색을 해보면, 문제는 거기서부터 시작됩니다.

검색으로 나오는 설명은 대부분 이미 해당 분야에 익숙한 사람들을 위한 것입니다. 그래서 용어 하나를 이해하려면 또 다른 용어를 알아야 하고, 그 용어를 이해하려면 다시 새로운 용어를 검색해야 하죠. 그러다 보면 어느새 열 개가 넘는 브라우저 창이 열려 있고, 정작 처음 궁금했던 개념은 더 헷갈려집니다. 결국 '정의'는 알겠지만, 머릿속에는 여전히 안개처럼 흐릿한 개념만 남습니다.

구글은 분명 답은 줍니다. 하지만 '왜 중요한지', '무엇과 연결되어 있는지', '어떻게 써먹을 수 있는지'는 알려주지 않습니다. 그게 바로 '이해의 간극'입니다. 저는 그 간극을 채우기 위해 이 책을 썼습니다.

이 책의 목표는 두 가지입니다.

첫째, 독자 여러분이 "아하!"라고 깨닫는 순간을 만드는 것, 둘째, '이보다 더 쉽고 명확하게 AI 용어를 설명하는 책은 없을 것'이라는 기준에 도달하는 것.

누군가를 이해시키는 일은 쉽지 않습니다. 저 역시 한때 복잡한 설명들 앞에서 좌절했던 경험이 있기에, 가능한 한 간결하고 정확하게 설명하려 애썼습니다. 불필요한 군더더기는

걷어내고, 핵심만 남기려 노력했습니다.

AI 시대를 살아가는 데 필요한 최소한의 용어 56개. 이것만 알아도, 더는 디지털 대화에서 뒤처지지 않습니다. 회의에서 동료가 "이 프로젝트에 API 연동이 필요해"라고 말해도, "아, 외부 시스템과 자동으로 연결해서 데이터를 주고받아야 한다는 얘기구나"라고 이해할 수 있게 될 겁니다. 뉴스에서 "클라우드 서비스 요금이 인상됐다"는 이야기를 듣는다면, "아, 컴퓨터 자원을 빌려 쓰는 임대료가 올랐다는 얘기구나"라고 금세 감이 오실 겁니다.

자, 이제 함께 시작해볼까요?

※ 디지털 분야에서는 영어 용어가 광범위하게 사용됩니다. 정확한 개념 전달을 위해서는 영어 단어를 그대로 표기하는 것이 더 효과적이라고 판단했습니다. 따라서 이 글 이후부터는 영어 용어들을 가급적 영문 그대로 표시했습니다.

차례 **ESSENTIAL AI TERMS, SIMPLY EXPLAINED**

들어가는 글 • 005
목차에 포함되지 않은 AI 관련 용어 • 014

1. 규모의 법칙(Scaling Law) • 019
2. 기술결정론(Technology Determinism) • 021
3. 생성형 AI(Generative AI, Gen AI) • 023
4. 양자 Computing(Quantum Computing) • 028
5. 연합학습(Federated Learning) • 033
6. 인공신경망(Artificial Neural Network, ANN) • 035
7. 자연어 처리(Natural Language Processing, NLP) • 039
8. 자율주행(Autonomous Driving) • 041
9. 증류(Distilation) • 005
10. 학습(Learning)과 추론(Inference) • 043
11. 합스부르크(Habsburg) 유전병 • 046
12. AI(인공지능) • 049
13. AI 반도체 • 054
14. AI 보안(AI Security) • 060
15. AI 윤리(AI Ethics) • 062
16. AI 전력 소비 문제(AI Power Consumption 문제) • 066
17. AI Agent • 068
18. AI Alignment(AI 정렬) • 070
19. AI Governance • 072
20. AI Literacy • 076

ESSENTIAL AI TERMS,

21 AI Pioneers(AI 업계의 거목들) • 078
22 AI Washing • 082
23 API(Application Programming Interface) • 084
24 Attention Economy vs Intention Economy (주목 경제 대 의도 경제) • 087
25 Big Data • 090
26 Blockchain(블록체인) • 095
27 ChatGPT vs DeepSeek • 109
28 Cloud AI • 112
29 Cloud Computing • 115
30 Computer Vision • 121
31 Digital Divide(Digital 격차)/AI Divide(AI 격차) • 122
32 Digital Transformation(DX)/AI Transformation(AX) • 125
33 Digital Twin • 126
34 Edge Computing, Edge AI, On-Device AI • 128
35 ELIZA 효과 • 131
36 Emergence(創發) • 134
37 Fine Tuning(미세 조정) • 136
38 Foundation Model (기반 Model) • 137
39 Green AI • 140
40 Hallucination(오류 생성, 환각) • 141

SIMPLY EXPLAINED

41 Horizontal AI vs Vertical AI • 144
42 IoT(Internet of Things, 사물인터넷) • 145
43 Labeling/Annotation • 147
44 Machine Learning/Deep Learning • 149
45 Moravec의 역설(Moravec's Paradox) • 153
46 Multi Modal • 155
47 Parameter • 156
48 Physical AI • 159
49 Platform • 162
50 Prompting, Prompting Engineering, Prompt Template • 166
51 RAG(Retrieval Augmented Generation, 검색 증강 생성) • 169
52 Sovereign AI • 170
53 Stargate Project • 173
54 Token(토큰) • 175
55 Zero Click • 177
56 Zero Shot/Few-Shot Learning • 181

목차에 포함되지 않은 AI 관련 용어

1 강화 학습(Reinforcement Learning) 82, 83, 150, 151
2 과적합(Overfitting) 문제 36, 157
3 기술적 특이점(Technologiacal Singularity) 52
4 기술 Platform(Technology Platform) 163, 165
5 모호성 문제(Ambiguity Problem) 38
6 비즈니스 Platform(Business Platform) 164, 165
7 비지도 학습(Unsupervised Learning) 150
8 사전 학습 Model(Pre-trained Model) 137
9 사회구성주의(Social Constructivism) 21, 22
10 생태계 Platform(Ecosystem Platform) 164, 165
11 양자역학(Quantum Mechanics) 28, 29
12 얽힘(Entanglement) 28, 30
13 위협 Intelligence(Threat Intelligence) 60, 61
14 작업증명(Proof of Work, PoW) 102~105
15 전문가 System(Expert System) 51
16 전이 학습(Transfer Learning) 44, 45, 150, 151, 183
17 제조 Platform(Manufacturing Platform) 163
18 중첩(Superposition) 28~30
19 지도 학습(Supervised Learning) 147, 150, 183
20 지분증명(Proof of Stake, PoS) 102~105
21 채굴(Mining) 58, 59, 102, 103, 105
22 합의 Mechanism 101, 103
23 확산모형(Diffusion Model) 26, 27
24 Agent-to-Agent Protocol(A2A Protocol) 69
25 AGI(Arttificial General Intelligence) 51, 52, 81, 183

26 AIaaS(AI as a Service) 113, 114
27 Algorithm 29, 30, 46, 52, 53, 63, 73, 87, 88, 107, 131, 134, 145, 152, 156, 171
28 Algorithm 편향 53, 73
29 ASI(Artificial Super Intelligence) 52
30 ASIC(Application-Specific Integrated Circuit) 58, 59
31 Attention Mechanism 24
32 Autopilot 40
33 Class 181, 182
34 CNN(Convolutional Neural Network, 합성곱신경망) 79, 80
35 Consortium Blockchain 106
36 Cosmos 154, 161
37 CUDA(Compute Unified Device Architecture) 55
38 Dartmouth 회의 49
39 Data 편향 53, 73
40 Data Governance 75, 92, 116
41 Data Lake 91, 92
42 Data Mart 91, 92
43 Data Mesh 92
44 Data Poisoning 60
45 Data Processing 90
46 Data Warehouse 91, 92
47 Deceptive Alignment(기만적 정렬) 71
48 Digerati(Digital 신흥 지식 계급) 71
49 Digital Literacy 76, 77

50　Explainable AI(XAI) 75

51　FaaS(Function as a Service) 117

52　Fabless 57, 58

53　Foundry 58

54　FSD(Full Self-Driving) 40

55　GAN(Generative Adversarial Network) 23, 25

56　GPU(Graphics Processing Unit) 32, 54~58, 66, 174

57　Hash 값 98~101

58　Hash 함수 99~101

59　HBM(High Bandwidth Memory) 57

60　Hybrid Blockchain 107

61　Hybrid Cloud 119, 120

62　Hyperparameter 158

63　IaaS(Infrastructure as a Service) 116, 118

64　IDM(Integrated Device Manufacturer, 종합반도체기업) 58

65　LLM(Large Language Model) 47, 66, 75, 109, 110, 138, 139, 157

66　LMM(Large Mutimodal Model) 138

67　Memory 반도체 57

68　Meta Learning 183

69　Mistral AI 171

70　Multi Agent System(MAS) 69

71　Multi-Cloud 119

72　NPU(Neural Processing Unit) 56

73　On-premise 114, 116

74　On-premise AI 114, 129, 139

75　On-premise Computing 116

76   Ontology 92, 93
77   PaaS(Platform as a Service)116, 118
78   Private Blockchain 106, 107
79   Private Cloud 118, 119
80   Public Blockchain 105, 107
81   Public Cloud 118, 119
82   Qubit 28~30
83   Responsible AI 65
84   RFM(Robot Foundation Model) 160
85   RLHF(Reinforcement Learning from Human Feedback) 71
86   SaaS(Software as a Service) 117
87   Single Cloud 119
88   sLLM(small Large Language Model) 139
89   SLM(Small Language Model) 139
90   Smart 계약 104, 108
91   SoC(System on a Chip) 59
92   Student Model 41
93   Teacher Model 41
94   TPU(Tensor Processing Unit) 56, 67
95   Transformer 23, 24
96   Trolley Problem 40
97   VAE(Variational Auto Encoder, 변이 자동 인코더) 23, 25, 26
98   Value Learning(가치 학습) 71
99   World Foundation Model(WFM) 160, 161
100   Zero Trust 60, 61

1. 규모의 법칙(Scaling Law)

정의

규모의 법칙(Scaling Law)은 AI Model의 성능이 특정 요소, 즉 Data, Parameter, Computing Power의 규모와 비례하여 예측 가능하게 향상된다는 경험적 법칙을 의미합니다. 이 법칙은 그동안 AI, 특히 Deep Learning Model의 발전을 이끌어 온 핵심 원리로 자리 잡고 있었습니다.

※ Parameter는 입력 Data를 처리하고 출력 결과를 생성하기 위해 학습 과정에서 조정되는 가중치(weight) 값을 말합니다.('47. Parameter' 참조)

※ Deep Learning은 인간 뇌의 신경망을 모방하여, AI Model이 Data에서 복잡한 Pattern과 특징을 자동으로 학습할 수 있도록 하는 기술을 의미합니다.('44. Machine Learning, Deep Learning' 참조)

쉽게 말해서, Data 규모, Model 복잡도, Computing Power가 커질수록 AI Model의 성능이 향상된다는 것으로, 결국 AI Model의 규모가 곧 경쟁력이라는 주장입니다.

한계와 변화 방향

규모의 법칙은 지난 몇 년간 AI 개발 분야의 지배적인 Paradigm이었지만, 최근 들어 그 한계와 새로운 방향에 대한 논의가 활발하게 이루어지고 있습니다.

먼저 규모 확장의 한계에 직면하게 되었습니다. AI Model 성능을 규모나 크기로만 향상시키는 '규모의 법칙'은 막대한 비용, Energy 소비, 고품질 Data 고갈 문제에 부딪혀 성장 둔화가 예상되고 있는데, 이에 따라 효율성이 중시되기 시작했습니다. 막대한 자원 투입 경쟁에서 벗어나, Model 경량화 및 Data 최적화 기술을 통해 더 작은 Model로 높은 성능을 내는 '효율성'이 핵심 가치로 떠오르고 있는 것입니다.

이와 동시에 새로운 Paradigm에 대한 모색도 활발해지고 있습니다. 기존의 Pattern 인식을 넘어, 인간과 유사한 논리적 추론 능력을 갖춘 차세대 AI를 구현하기 위해 새로운 Architecture와 학습 방법론에 대한 탐구가 활발해지고 있습니다.

2.
기술결정론(Technology Determinism)

정의

기술결정론(Technology Determinism)은 기술이 사회 변화의 주요 동력이며, 기술의 발전이 사회구조, 문화, 인간 행동을 결정한다고 보는 이론입니다. 이 관점에 따르면 기술은 독립적으로 발전하며, 사회는 기술 변화에 수동적으로 적응할 뿐입니다.

기술결정론 vs 사회구성주의

이러한 기술결정론과 대립하는 관점이 사회구성주의(Social Constructivism)입니다. 기술결정론이 기술의 일방향적 영향력을 강조한다면, 사회구성주의는 기술이 인간의 선택, 권력 구조, 사회 상황과 문화 등 다양한 요소들의 상호작용을 통해 형성되고 활용된다고 봅니다.

최근 AI 기술의 급속한 발전은 기술결정론적 관점에 새로운 무게를 실어주고 있습니다. 즉, AI가 사회 변화를 주도하며 인간의 삶을 전면적으로 재편하는 강력한 동력으로 부상하면서, 기술 자체가 사회 발전의 방향을 결정한다는 주장이 상당한 설득력을 얻고 있는 상황입니다.

하지만 이와 동시에 AI의 가치 지향성과 사회적 책임에 대한 근본적 질문들이 제기되고 있습니다. AI를 어떻게 개발하고 활용할 것인가는 궁극적으로 인간의 의식적 선택과 사회적 합의에 달려 있다는 사회구성주의적 시각 또한 중요성을 더해가고 있습니다.

결국, AI라는 혁신적 기술을 둘러싸고 기술결정론과 사회구성주의 양쪽 관점이 모두 설득력 있는 해석을 제공하고 있어, 두 시각 간의 균형 잡힌 이해가 그 어느 때보다 필요한 시점이라 할 수 있습니다.

3.
생성형 AI(Generative AI, Gen AI)

정의

기존 Data를 학습하고 사용자 입력에 반응하여, 글, 그림, Image, 음악, 동영상 등의 새로운 Contents를 창조하는 AI 기술을 의미하는데, 다양한 입력 Data로부터 지식과 Pattern을 습득하고, 인공신경망 구조를 통해 학습하며, 글, 그림, 동영상, 음악 등 다채로운 창작물을 생성합니다.

※ 인공신경망은 인간 뇌의 신경 세포를 모방하여 입력 Data를 처리하고 출력으로 변환하는 Computing System을 의미함 ('6. 인공신경망' 참조)

대표적으로 ChatGPT, Midjourney, Sora 등이 있으며, 주로 Deep Learning 기반의 생성 Model(Transformer, GAN, VAE 등)을 활용합니다.

※ ChatGPT는 AI 시대의 문을 연 기념비적인 생성형 AI 도구

인데, 방대한 Text Data를 학습해 사람처럼 자연스럽게 대화할 수 있는 특징이 있음 ('27. ChatGPT vs Deep Seek' 참조)

생성형 AI에 사용되는 Model

1) Transformer

자연어 처리를 위하여 개발된 Model로서 문장을 이해하고 생성하는 데 탁월한 능력을 보이는데, Attention Mechanism이 Transformer Model의 핵심입니다. Attention Mechanism은 문장 속에서 단어들 사이의 관계와 문맥을 파악하는 능력이 뛰어나, 긴 문장도 정확하게 이해하고 자연스러운 글을 만들어낼 수 있습니다. (현재 생성형 AI의 60% 이상이 Transformer Model을 사용하고 있음)

※ Attention Mechanism은 AI Model이 입력 Data를 처리할 때 핵심이 되는 부분이 어디인지를 파악하고 그곳에 초점을 맞춤으로써 AI Model이 더 효율적으로 학습하고 판단할 수 있게끔 가중치를 부여하는 기법을 의미함

예를 들어 "어제 눈이 와서 길이 많이 미끄러웠어"라는 문장에서, AI가 '눈'을 신체 기관이 아닌 '눈(雪)'으로 정확히 이해할 수 있는 이유는 Attention Mechanism 덕분입니다. AI

는 '눈'과 '미끄러웠어' 사이의 의미적 연관성에 주목하여, 문맥상 '눈'이 날씨 현상을 의미한다는 것을 파악합니다. 이처럼 AI가 문장 내 핵심 단어들 간의 관계를 정확히 분석함으로써 화자의 의도를 올바르게 이해할 수 있게 됩니다.

2) GAN (Generative Adversarial Network)

생성자(Generator)와 판별자(Discriminator)가 서로 경쟁하며 학습하는 Model로서 생성자는 실제 Data와 유사한 가짜 Data를 만들어내려 하고, 판별자는 생성자가 만든 Data가 진짜인지 가짜인지 구별하려고 하는데, 이 경쟁을 통해 생성자는 점점 더 진짜 같은 Data를 만들어내게 됩니다.

GAN은 화폐위조범(생성자)과 이를 단속하는 경찰(판별자)이 서로 경쟁하는 과정을 거치면서, 위조지폐가 점점 정교해져 실제 화폐와 거의 구분할 수 없는 수준에 이르는 것에 비유할 수 있습니다.

3) VAE(Variational Auto Encoder, 변이 자동 인코더)

학습 과정에서 Data를 압축했다가 다시 복원하는 과정을 반복하면서 원본 Data의 특성을 파악하여, 점점 더 원본 Data와 유사한 결과물을 만들어내는 Model로, 입력 Data를 압축하여 잠재 공간(Latent Space)에 표현하는 Encoder와 잠재 공간의 표현을 다시 원본 Data로 복원하는 Decoder로 이루어집니다.

제한된 정보로 몽타주를 그리는 연습을 많이 한 몽타주 전문가가 "곱슬머리에 눈매가 매섭고, 코가 컸어요"와 같은 목격자의 단편적인 증언만으로도 범인의 얼굴을 유사하게 그려낼 수 있듯이, VAE는 학습 과정에서 Data를 압축하고 복원하는 훈련을 반복하여, 제한된 정보(Data)만으로도 새롭고 유의미한 결과물을 생성할 수 있습니다.

4) 확산 모형(Diffusion Model)

최근 들어 각광 받는 방법으로, 주로 Image나 Audio를 생성하는 데 사용되는데, Noise가 추가된 Data에서 점진적으로 Noise를 제거하며 원본 Data의 분포를 학습하는 방식으로 동작합니다.

① **Forward Process(Noise 추가)**: 원본 Data에 점점 더 많은 Noise를 섞어서 Data가 점차 흐릿해지도록 만드는데, 최종적으로는 완전히 알아볼 수 없는 상태가 됩니다.

② **Reverse Process(Noise 제거)**: Noise가 섞인 Data에서 시작하여 점진적으로 Noise를 제거해가며 원본 Data로 복원하는 과정을 학습합니다.

이러한 두 과정을 거쳐 AI Model은 Noise가 섞인 Data로부터 원본 Data를 정확하게 복원하는 능력을 학습하게 되는데, 이것이 바로 확산 모형의 핵심 원리입니다.

4.

양자 Computing(Quantum Computing)

정의

양자 Computing(Quantum Computing)은 양자역학의 원리를 활용하여 복잡한 연산 문제를 기존 Computer보다 훨씬 효율적으로 해결하는 차세대 Computing 기술을 의미합니다.

기존 Computer가 0 또는 1의 두 가지 상태만을 사용하는 Bit를 기본 단위로 삼는 것과 달리, 양자 Computer는 Qubit라는 단위를 사용합니다. Qubit는 양자역학의 고유한 특성인 중첩(Superposition)과 얽힘(Entanglement)을 통해 기존 Computer의 연산 능력을 기하급수적으로 뛰어넘는 잠재력을 가지고 있습니다.

양자 Computing은 대규모 Data 처리와 복잡한 최적화 문제를 풀 때 기존 Computer보다 획기적으로 개선된 성능을 제공하여 AI의 Computing Power를 대폭 강화할 수 있으며,

동시에 양자 Computer를 이용한 가상 실험을 통한 고품질 학습 Data 생성과 양자 Computer 기반의 AI 학습 기술 등 새로운 Algorithm 접근법 개발을 통하여 AI 학습 방식을 근본적으로 변화시킬 수 있는 가능성을 제시합니다.

※ Algorithm은 문제를 해결하는 절차와 과정을 의미함('12. AI' 참조)

관련 개념

1) 양자역학

원자, 전자, 광자처럼 눈에 보이지 않는 아주 작은 세계, 즉 미시 세계에서 일어나는 특이한 현상을 설명하는 물리학의 분야인데, 고전 물리학으로는 설명이 되지 않는 현상, 예를 들어 빛이 입자이자 파동처럼 행동하거나, 입자의 위치와 속도를 동시에 정확히 알 수 없는 현상 등을 설명합니다.

2) 중첩(Superposition)

양자역학의 핵심 원리로, 아주 작은 입자가 동시에 여러 상태로 존재할 수 있는 현상을 의미합니다. 앞에서 얘기한 Qubit은 0과 1의 상태를 동시에 가질 수 있는데, 이는 마치 동전이 공중에 떠 있는 동안 앞면과 뒷면의 상태를 동시에 가지는 것과 유사합니다. 중첩 현상 덕분에 양자 Computer는 기존 Computer 대비 엄청난 병렬 처리 능력을 발휘할 수 있습니다.

3) 얽힘(Entanglement)

두 개 이상의 Qubit이 서로 연결되어 하나의 System처럼 작동하는 현상을 의미합니다. 얽혀 있는 Qubit 중 하나의 상태가 결정되면, 다른 Qubit 상태는 거리에 상관없이 즉시 결정됩니다. 얽힘 현상은 Qubit 간의 정보 공유를 가능하게 하여 계산의 효율성을 극대화합니다.

관련 Issue

양자 Computing과 관련해 가장 주목받는 Issue 중 하나는 Block Chain('26. Blockchain' 참조) 기술 무력화 문제입니다. Block Chain 기술의 핵심은 암호화(Encryption) 기술에 기반한 보안성과, 분산 저장 및 합의 Algorithm을 통한 탈중앙적 신뢰 구축에 있습니다. Bitcoin이나 Ethereum과 같은 대부분의 암호화폐는 공개 키 암호 방식(Public-Key Cryptography)에 기반한 전자 서명을 통해 거래의 소유권을 증명하는데, 이 방식은 현재의 Super Computer로는 현실적으로 해독이 불가능한 수학적 문제에 기반하여 높은 보안성을 유지합니다.

하지만 강력한 연산 능력을 갖춘 양자 Computer가 등장할 경우, 기존 Computer로는 사실상 불가능했던 Block Chain의 암호 구조를 짧은 시간 내에 해독할 수 있기 때문에 현재의 Block Chain 및 암호화폐 보안 체계를 근본적으로 위협할 수 있습니다.

이에 대응하여 Block Chain 개발자 및 보안 연구자들은 양자 Computer의 잠재적 위협에 대비하기 위해 양자 내성 암호(Post-Quantum Cryptography, PQC) 등 기존 암호 체계를 대체할 수 있는 새로운 기술을 개발하고 있습니다.

양자 Computer 상용화 시기에 대한 논의도 뜨거운 Issue인데, 양자 Computer의 상용화 시점에 대한 전망은 기술적 발전 단계뿐만 아니라 관련 분야에 종사하는 각 주체의 이해관계에 따라 상이하게 제시되고 있습니다.

양자 Computing Start-up과 투자 기관은 빠른 상용화 가능성을 강조하는 반면, 기존 Tech 기업이나 Block Chain 진영은 기술적 어려움 또는 보안 위협 관점에서 상반된 견해를 제시하고 있습니다.

최근 양자 Computer 상용화 시기에 대한 언급으로 주목을 받은 인물은 NVIDIA CEO인 Jensen Huang입니다. 그는 2025년 1월 CES에서 "실질적으로 유용한 양자 Computer의 상용화는 15년에서 20년이 걸릴 것"이라는 비관적인 전망을 내놓았습니다.

Jensen Huang의 발언은 양자 Computing 기술에 대한 시장의 기대감에 찬물을 끼얹었고, 대표적인 양자 Computing 기업인 'IonQ'의 주가는 40% 가까이 폭락하는 등 직격탄을 맞았습니다.

당시 양자 Computing 업계는 Jensen Huang의 발언에 대하여 "자사의 GPU('13. AI 반도체' 참조) 사업을 지키기 위한 이기적인 발언"이라며 강하게 반발하였습니다. 그 후 Jensen Huang은 2025년 6월에 자신의 말을 바꾸어 양자 Computer의 상용화가 멀지 않았다는 발언을 하였고, 양자 Computing 관련 기업의 주가는 상승세로 돌아섰습니다.

Jensen Huang의 발언 번복과 그에 따른 주가 변동은 양자 Computing 기술이 아직 초기 단계에 있으며, 기술 개발의 불확실성과 시장의 높은 기대감이 공존하는 매우 역동적인 분야임을 명확하게 보여줍니다.

5.
연합 학습(Federated Learning)

    기존의 중앙 집중식 학습 방법과 달리, Data를 중앙 Server로 전송하지 않고 각자의 기기(예: Smart Phone, 특정 지역 담당 사무소의 Server)에서 Local Data를 이용하여 AI Model을 학습시킨 후, 그 결과(Parameter 값 등)만을 중앙 Server에서 취합하여 전체 Model을 개선하는 탈중앙화된 접근 방식의 AI 학습 기법을 의미하는데, 민감한 개인정보나 기업의 기밀 Data를 외부에 노출하지 않으면서도, 다양한 Data를 활용하여 AI Model의 성능을 고도화할 수 있다는 점에서 큰 장점을 가집니다.

    연합 학습의 주요 문제점으로는, 각 Local 기기의 학습 Data가 사용자별 환경과 맥락에 따라 서로 다른 특성과 분포를 가지는 Data 이질성 문제와 Local 기기와 중앙 Server 간 학습 결과를 반복적으로 주고받는 과정에서 발생하는 통신

비용 문제가 있습니다.

연합 학습은 해결해야 할 기술적 난제가 있음에도 불구하고 Data 주권과 Data Privacy를 보호하면서 AI 기술을 발전시킬 수 있는 잠재력 덕분에 의료, 금융, 자율주행 등 다양한 분야에서 그 중요성이 날로 커지고 있으며, 관련 연구 또한 활발하게 이루어지고 있습니다.

6.
인공 신경망(Artificial Neural Network, ANN)

정의

인간의 뇌를 구성하는 신경세포, 즉 Neuron의 연결 구조와 작동 방식을 모방하여 만든 Computing System으로 수많은 '인공 Neuron'들이 서로 연결되어 Network를 형성하고, Data를 학습하며 스스로 문제 해결 능력을 갖추어 나가는 AI의 핵심 기술을 의미합니다.

인공 신경망은 Machine Learning, 특히 Deep Learning 분야의 기반이 되며, Image 인식, 음성 인식, 자연어 처리 등의 분야에서는 이미 인간의 능력을 뛰어넘는 성능을 보여주고 있습니다.

※ Machine Learning은 사람이 직접 알려주지 않아도, Computer가 스스로 Data를 보고 학습하여 Pattern을 인식하고 예측할 수 있는 기술을 의미함 ('44. Machine Learning,

Deep Learning' 참조)

※ Deep Learning은 여러 겹의 인공 신경망을 사용하여 Data를 학습하고 Pattern을 추출하는 기술로 Machine Learning의 한 분야임 ('44. Machine Learning, Deep Learning' 참조)

관련 Issue

인공 신경망 기술을 활용할 때 가장 먼저 직면하게 되는 것이 Black Box 문제인데, Black Box 문제는 신경망이 복잡하고 싶은 구조를 가지기 때문에 어떻게 결과가 도출되었는지 설명하기 어려운 특성을 가지고 있음을 의미합니다.

또 다른 중요한 문제로는 과적합(Overfitting) 현상을 들 수 있습니다. 이는 AI Model이 학습한 Data에만 지나치게 최적화되어 새로운 Data에 대해서는 분석, 추론, 예측하는 성능이 크게 떨어지는 문제가 발생할 수 있음을 의미하는데, 실제 환경에서의 AI 활용도를 크게 제한하는 요소로 작용할 수 있습니다.

편향 학습 문제도 간과할 수 없는 Issue인데, 인공 신경망은 인간이 만든 Data를 학습하므로, Data에 담긴 차별과 편향을 그대로 학습하여 사회적 문제를 유발하는 현상이 나타날 수 있습니다.

7.
자연어 처리(Natural Language Processing, NLP)

Computer가 인간의 언어(자연어)를 이해하고, 해석하며, 생성할 수 있도록 하는 기술을 의미하는데, 여기서 '자연어'란 인간이 일상적으로 사용하는 한국어, 영어, 중국어 등의 언어를 의미하며, Programing 언어와 같은 '인공어'와 구별됩니다.

Computer는 원래 숫자와 기호만 이해할 수 있는데, 자연어 처리 기술을 통해 "안녕하세요?", "오늘 날씨가 좋네요"와 같은 인간의 말을 이해하고 적절히 응답할 수 있습니다.

자연어 처리와 관련하여 가장 중요하고 어려운 Issue가 모호성(Ambiguity) 문제의 해결인데, 인간의 언어는 본질적으로 모호한 특성을 가지고 있어 Computer가 정확한 의미를 파악하기 어려운 경우가 많습니다. 예를 들어 한국어에서 '배'는 먹는 과일, 타는 운송 수단, 사람의 신체 부위를 모두 의미할 수 있고, "좋아?"라고 말했을 때, 좋으냐 아니면 싫으냐를 묻는 것일 수 있고, 이런 상황을 즐기는 것이 말이 되느냐고 면박을 주는 것일 수도 있습니다.

사람은 대화의 맥락을 통해 화자(말하는 사람)의 의도를 파악하여 화자가 쓴 용어를 쉽게 구분할 수 있지만, Computer가 이러한 능력을 갖출 수 있도록 학습시키는 것은 매우 어려운 과제입니다. 따라서 모호성 문제의 해결이 자연어 처리 기술 발전의 열쇠로 여겨지고 있습니다.

8.
자율주행(Autonomous Driving)

  자율주행은 사람의 개입 없이 차량이 스스로 주행 환경을 인식하고 판단하여 운전하는 기술을 의미하는데, AI, Sensor 관련 기술, 통신 Network 등 첨단 기술이 집약된 미래 Mobility의 핵심 분야로 주목받고 있습니다.

  자율주행 기술은 일반적으로 미국 자동차공학회가 분류한 6단계(Level 0~5)로 구분되고 있는데, 현재는 운전자의 상시 감독이 필요한 'Level 2(부분 자동화)'가 대중적으로 상용화된 단계이며, 특정 조건에서 System이 주행을 책임지는 'Level 3(조건부 자동화)' 기술이 일부 상용화되기 시작한 과도기적 상황에 있습니다. 또한, 특정 구역 내에서 운전자 없이 운행하는 'Level 4(고도 자동화)' 기술이 Robotaxi, Shuttle 등을 중심으로 시범 운행되고 있습니다.

  현재 자율주행 분야에서 가장 앞서가고 있는 Tesla의 차량에는 기본적으로 Autopilot 기능이 제공되며, FSD(Full Self-Driving) 기능은 유료 Option으로 제공되고 있습니다. (이 두 기능 모두 Level 2로 분류되고 있음)

Autopilot 기능에는 앞차와의 거리를 유지하며 속도 조절을 하는 적응형 Cruise Control(Adaptive Cruise Control), 특정 차선 내에서 차량을 유지하게 해주는 차선 유지 보조(Lane Keeping Assist) 기능 등이 있으며, FSD 기능에는 고속도로에서 경로 기반 자동 주행을 할 수 있는 Navigation 연동 Autopilot(Navigate on Autopilot), 자동 주차(Autopark), 신호등 및 정지 표지판 인식 기능 등이 있는데, 현재 FSD라는 명칭이 Level 5에 해당한다는 오해를 불러일으킬 수 있다는 불만도 제기되고 있습니다.

자율주행과 관련한 중요한 Issue로는 Hacking 방지, 사고 시 책임 소재, 자율주행 시 발생하는 개인정보(위치, 이동 경로, 사용자 설정 정보 등)의 유출과 오용 등의 문제, Trolley Problem(사고 상황에서 누구를 보호할지 선택할 때의 윤리적 판단 문제) 등이 있습니다.

9.
증류(Distilation)

일반적으로 증류란 끓는 점의 차이를 이용하여 액체 상태의 혼합물을 분리하는 방법을 의미하는데, Whisky, Cognac 등은 Alcohol의 끓는 점(약 78.5도)이 물보다 낮은 점을 이용하여 만드는데, 발효된 원료를 가열하여 물보다 먼저 증발하는 Alcohol을 모으는 방식으로 생산됩니다.

AI 분야에서는 크고 복잡한 AI Model(Teacher Model)의 지식을 작고 효율적인 Model(Student Model)에게 전수하는 기술을 의미하는데, 마치 숙련된 선생님이 복잡한 지식을 학생이 이해하기 쉽게 압축해서 가르치는 것과 같은 원리로 작동합니다.

증류는 AI Model의 성능 저하를 최소화하면서 Model의 크기를 줄이고 연산 속도를 높이는 'Model 압축(Model Compression)' 기술 중 현시점에서 가장 중요하고 주목받는 기술이며, Edge Computing 구현에 필수적인 기술입니다.

※ Edge Computing은 Data가 발생하는 현장(Edge)에서 Data를 즉시 처리하는 분산 Computing 방식을 의미함 ('34. Edge Computing, Edge AI, On-Device AI' 참조)

크고 복잡한 Model 대신 증류를 통해 구축된 작고 효율적인 Model을 활용함으로써 비용 절감, 환경 보호, Edge AI 구현 등의 장점을 누릴 수 있지만, 타사의 유료 API나 폐쇄형 Model을 대상으로 증류를 하는 경우에는 지식 무단 도용, 지적 재산권 침해의 문제가 발생할 수 있습니다.

※ API는 서로 다른 S/W 간에 안전하고 효율적으로 정보를 주고받을 수 있게 만든 소통 규칙을 의미함 ('23 API' 참조)

무단 도용 문제와 관련된 대표적인 사례로는 Open AI의 DeepSeek에 대한 항의를 들 수 있는데, 2025년 1월 DeepSeek의 R1 Model 공개 직후, Open AI에서 DeepSeek가 증류를 통하여 Open AI의 AI Model을 부적절하게 이용했다는 의혹을 제기하여 전 세계 AI 업계에 큰 파장을 일으켰습니다.

※ DeepSeek는 저비용, 고효율 개발과 Open Source 제공을 통해 AI 기술의 대중화를 혁신적으로 이끈 중국의 대표 AI 모델임 ('27. ChatGPT vs Deep Seek' 참조)

10.
학습(Learning)과 추론(Inference)

정의

학습은 AI가 대규모의 Data 속에서 스스로 Pattern을 찾아내고 분석하여 지식이나 규칙을 일반화하는 과정을 의미하고, 추론은 학습을 통해 얻은 지식을 활용, 새로운 상황을 인식하고 판단하여 문제를 해결하는 과정을 의미합니다. 예를 들면, AI가 수천 장의 개와 고양이 사진을 학습한 후, 추론을 통하여 처음 보는 동물이 개인지 또는 고양이인지를 판별할 수 있습니다.

이분법적으로 학습은 특정 사례들로부터 일반적 법칙을 도출하는 귀납적 사고에 가깝고, 추론은 일반적 지식을 바탕으로 구체적 결론을 내리는 연역적 사고와 가깝다고 이야기할 수 있습니다.

AI 기술 발전의 역사를 살펴보면, 초기에는 주로 학습 능력

향상에 집중했던 반면, DeepSeek 출현 이후부터는 추론 능력의 중요성이 부각되면서 이 분야에 대한 연구와 투자가 늘어나는 추세입니다.

학습과 추론의 관계

학습과 추론은 다층적이고 복합적인 관계를 맺고 있습니다. 가장 기본적으로는 순차적 관계를 보입니다. 학습을 통해 축적된 지식이 추론의 기반이 되므로, 일반적인 경우 학습이 먼저 이루어진 후 추론이 가능합니다.

품질 측면에서는 의존적 관계가 나타납니다. 학습이 부족하거나 편향되면 추론도 제한적이거나 왜곡되므로, 추론의 품질은 학습의 질과 범위에 크게 좌우됩니다.

발전 과정에서는 상호보완적 관계를 형성합니다. 추론 결과가 다시 학습 Data로 활용되어 Model을 개선시키는 Feedback Loop를 만들어내며, 이를 통해 AI 시스템 전체의 성능이 지속적으로 향상됩니다.

최근에는 통합적 관계로 발전하고 있습니다. On-line학습, 전이 학습(Transfer Learning) 등을 통해 학습과 추론이 동시에 일어나는 경우도 많아지고 있어, 두 과정의 경계가 점차 모호해지고 있습니다.

※ 전이 학습은 특정 작업을 위해 학습된 지식을 다른 유사한 작업에 재활용하여 효율성을 높이는 기법을 의미함
('44. Machine Learning, Deep Learning' 참조)

간단히 표현하면, 학습은 '알아가는 과정', 추론은 '아는 것을 활용하는 과정'이라고 할 수 있지만, 실제로는 이 두 과정이 복잡하게 얽혀 AI의 지능적 행동을 만들어내고 있습니다.

11.
합스부르크(Habsburg) 유전병

정의

'합스부르크 유전병'이라는 표현은 원래 오스트리아-스페인 왕가인 합스부르크가에서 근친혼이 반복되며 나타난 유전적 결함을 일컫는 말입니다.

합스부르크가 사람들은 정통성 유지와 기득권의 내부화를 위하여 순혈주의를 견지하고 근친혼을 일삼았는데, 그 결과 합스부르크 턱(Habsburg Jaw)으로 대표되는 신체적 기형과 학습 장애, 발달 장애 등의 인지 기능 저하 증상이 심각하게 나타나는 비극으로 이어졌습니다.

AI 분야에서는 'AI 개발 생태계 내부에서 다양성 없이 비슷한 Data, Algorithm을 되풀이하는 자기 복제 현상'을 경고하는 은유적 표현으로 사용됩니다. 이는 구체적으로, AI Model이 서로 유사한 Data Set, 유사한 구조, 유사한 평가 기준만으로 만들어지고 서로를 참조하며 반복될 때 새로운 문제 해결 능력보다는 기존의 편향과 한계를 고착시킬 위험성을 경고하는 개념입니다.

GPT, Claude, Gemini 등의 대표 LLM('38. Foundation Model' 참조)들은 대부분 영어 중심, 서구 지식 위주의 Web Text를 기반으로 훈련되었는데, 이로 인해 비서구 문화, 비주류 관점, 여성에 대한 표현이 왜곡되거나 부족한 사례가 발견됩니다. 많은 중소 AI Model은 GPT-2 또는 GPT-3 계열의 구조를 변형하여 제작되며, 동일한 Data Set(예: Wikipedia, Common Crawl)을 사용하는 경우가 많이 있습니다.

문제 해결을 위한 노력

AI 분야 합스부르크 유전병 문제의 해결을 위하여 ① Data 다양성 확보 및 편향 완화 ② Algorithm 및 Model 개발의 다양성 증진 ③ AI 평가 기준의 다면화 및 윤리적 고려 등에 주안점을 두는 방향으로의 AI Model 개발이 추진되고 있는데, 국가 차원에서는 Sovereign AI가 합스부르크 유전병 문제와 연관된 기술 독점과 Data 편중으로 인한 AI 생태계의 취약성을 막고, 건강한 다양성을 확보하는 핵심 전략으로 고려될 수 있습니다.

※ Sovereign AI는 기술 주권을 확보하기 위하여 한 국가나 조직이 외부 의존 없이 독자적으로 개발·운영하는 AI System ('52. Sovereign AI' 참조)

12.
AI(인공지능)

정의

인식, 학습, 추론, 문제 해결, 창작 등 인간의 뇌가 할 수 있는 기능을 기계가 수행할 수 있도록 하는 기술 및 연구 분야를 의미하는데, 단순한 자동화와는 구별되며, 주어진 환경에서 Data를 기반으로 스스로 판단하거나, 새로운 환경에 적응할 수 있는 '지능적 행위'(예: 자율주행 차의 경로 탐색)를 가능케 합니다.

AI의 시작은 "기계도 인간처럼 사고할 수 있을까?"라는 오래된 질문에서 비롯되었는데, 1956년 미국 Dartmouth 대학에서 John McCarthy, Marvin Minsky, Claude Shannon 등이 모여 "지능을 기계적으로 구현할 수 있다"는 전제하에 연구 방향을 정립하였습니다. 이 회합이 바로 Dartmouth회의로 불리며, 이 회의에서 'Artificial Intelligence'라는 용어가 처음 제안되었고, 이를 기점으로 AI는 하나의 독립된 학문 분야로 발전하기 시작했습니다.(Dartmouth 회의를 AI의 공식적인

시작이라고 보고 있음)

AI의 역사

AI의 역사는 아래와 같이 단순하게 총 3개의 세대(Generation)로 정리할 수 있습니다.

○ 1950년대부터 1980년대까지 사람이 직접 '지식'과 '논리 규칙'을 일일이 Computer에 넣어주는 규칙 기반 1세대 AI
○ 1990년대부터 2010년대 초까지 수많은 사례(Data)를 분석하여 특정 상황에서 어떤 판단이 좋을지를 통계적으로 학습하는 Data 기반 2세대 AI
○ 2010년대 중반부터 현재까지 스스로 다량의 Data에 잠재되어 있는 Pattern을 찾을 수 있는 Machine Learning 기반 AI, 그리고 더 나아가 인간의 도움 없이 스스로 학습하고, 창의적으로 의사결정을 하며, 창작물을 생성할 수 있는 생성형 AI로 대표되는 3세대 AI (또는 Machine Learning까지를 3세대, 그 이후 생성형 AI 시대를 4세대로 보는 견해도 있음)

우리나라에서 AI가 회자되기 시작한 시점은 1980년대 후반 부인데, 당시 인간의 전문적인 지식과 경험, Knowhow 등을 Computer에 체계적으로 정리하여 축적함으로써 일반인도 이를 쉽게 이용할 수 있도록 만들어진 전문가 System(Expert System)이 많은 관심을 받으며 화려하게 등장하였습니다. 그러나, 전문가의 지식, 경험 등을 입력하는 데 드는 비용의 문제, 유연성 부족 등의 문제로 광범위한 적용이 어렵다는 약점을 드러내면서, 1990년대 초반부터 급속히 전문가 System에 대한 관심이 식었습니다.

전문가 System의 쇠락과 함께 국내 AI 분야는 한동안 침체를 겪었는데, 이후 음성 인식이 부상하면서 다시 관심이 일기 시작했습니다. 이세돌과 AlphaGo 대국이 열리기 전까지는, AI 하면 음성 인식 기술을 떠올릴 만큼 우리나라에서는 음성 인식 분야가 대중적 주목을 받았습니다.

관련 용어

AGI(Artificial General Intelligence)는 AI의 미래를 얘기할 때 빠지지 않는 용어인데, 인간 수준의 지능을 갖추어 스스로 학습하고 추론할 수 있으며, 복잡한 문제를 풀고 수준 높은 작품을 창작하는 등 광범위한 분야에서 다양한 작업을 수행할 수 있는 AI를 의미합니다.

AGI는 주로 범용 인공지능이라고 번역되며, 기존의 특정 분야, 특정 작업에 특화된 Narrow AI(특수 인공지능) 또는 인간 지능에 못 미치는 Weak AI(약한 인공지능)에 대비되어 True AI(진정한 인공지능) 또는 Strong AI(강한 인공지능)라고도 불리고 있습니다.

AGI에 관련된 뜨거운 논쟁 중 하나는 AGI의 도래 시기인데, 이에 대해서는 이미 AGI가 출현했다는 견해부터 AGI 회의론(대표적인 전문가: Yann LeCun)까지 다양한 견해가 쏟아지고 있습니다. 이에 대해서는 AGI의 정의에 따라 여러 가지 견해가 있으나, 전문가들 사이에서는 2030년에서 2050년 사이일 것이라는 견해가 주류를 이루고 있습니다.

AGI와 관련하여 기술적 특이점(Technological Singularity)이란 용어가 있는데, 이는 모든 인류의 지성을 합친 것보다 더 뛰어난 초인공지능(ASI: Artificial Super Intelligence)이 출현하는 시점을 의미합니다.

Data, Algorithm, Computing Power를 AI의 3대 요소(AI Infrastructure라는 용어를 쓰기도 함)라 하는데, AI의 성능을 결정하는 세 가지 요소를 의미합니다.

Data를 요리 재료 또는 자동차의 연료로, Algorithm을

Recipe 또는 자동차 엔진 설계도, Computing Power를 요리 도구 또는 자동차 엔진 출력으로 비유하기도 하는데, Algorithm은 '문제 해결을 위하여 거쳐야 하는 절차 또는 과정'을 의미합니다.

Data와 Algorithm에 관련하여 '편향(Bias)' 문제가 사회적인 이슈로 제기되고 있는데, '편향'은 AI가 특정 집단을 공정하지 않게 대하는 현상이라고 정의할 수 있습니다. AI가 학습한 Data에 사회적 편견이 반영될 경우는 Data 편향 문제가 발생하고, AI의 설계 과정에 사회적 편견이 반영될 경우에는 Algorithm 편향 문제가 발생합니다.

Data 편향 문제는 대표적으로 미국의 언론 분야에서 Issue가 되고 있는데, New York Times, Washington Post, Guardian 등과 같은 세계 주요 언론 매체들은 저작권을 내세워 자사 Contents가 무료로 AI의 학습 Data로 사용되는 것을 반대하고 있는 반면에, Fox News, Daily Caller 등과 같은 우익 언론 매체들은 자사 Data를 AI에게 적극적으로 제공하고 있어, AI가 특정 이념적 색채를 띠게 될 수 있다는 문제가 제기되고 있습니다.

13.
AI 반도체

정의

AI 반도체는 AI 작업을 효율적으로 수행하도록 설계된 특수 목적 반도체로, 기존의 CPU보다 훨씬 빠르게 AI Model을 실행하고 학습시킬 수 있도록 설계된 Hardware입니다. CPU는 모든 종류의 작업을 다 할 수 있지만 비교적 느린 반면, AI 반도체는 특정 작업(예: 행렬 연산, 신경망 처리)을 매우 빠르고 효율적으로 수행하도록 설계되었습니다.

Episode

현재 AI 반도체 시장에서 병렬 처리에 특화된 NVIDIA의 GPU(Graphics Processing Unit)가 세계 시장의 대부분을 점유하고 있는데, 흥미롭게도 GPU는 원래 Game용 Graphic Chip으로 개발되었습니다.

그런데 2006년 Stanford 대학의 연구진은 중요한 사실을 발견하게 됩니다. 주로 Game, Graphic Design, 영상 처리 등 시각적 작업에 사용되는 GPU가 수천 개의 연산 Unit을 동시에 활용함으로써, 대규모 행렬 연산(예: 행렬 곱셈)을 CPU보다 훨씬 빠르게 수행할 수 있다는 것이었습니다.

이 연구 결과는 GPU의 활용 범위를 완전히 바꿔놓았습니다. GPU가 단순한 Graphic Chip을 넘어 과학 계산, Simulation, AI 등 다양한 분야에서 범용으로 활용되기 시작했고, 이후 GPU는 Deep Learning을 비롯한 AI 연구 분야의 비약적 발전을 견인하는 핵심 동력이 되었습니다.

관련 용어

1) CUDA(Compute Unified Device Architecture)

2007년 NVIDIA가 출시한 Programming Platform으로, GPU를 Game이나 영상 처리뿐만 아니라 복잡한 계산 작업에도 활용할 수 있게 해주는 도구입니다.

CUDA는 사용하기 쉽고 필요한 도구가 잘 갖춰져 있다는 장점이 있어서 많은 개발자의 선택을 받으며 업계에서 널리 쓰이는, 사실상의 공통 개발 환경이 되었습니다. 이로 인해

GPU의 활용 범위가 크게 넓어졌고, 그 결과 GPU가 인공지능용 반도체 시장에서 주류로 자리 잡는 데 결정적인 역할을 했습니다.

2) NPU(Neural Processing Unit)

신경망(Neural Network) 연산에 최적화된 Chip으로, 주로 Smart Phone, 자율주행차, IoT('42. IoT' 참조) 기기 등에서 Edge Computing용으로 사용되는데, Energy 효율이 높아 Battery로 작동하는 기기에 적합합니다.

3) TPU(Tensor Processing Unit)

Google이 자체 개발한 AI 연산 전용 Chip인데, Cloud ('29. Cloud Computing' 참조) 환경의 대규모 AI 학습 및 추론 작업에서 많이 사용됩니다.

※ GPU는 범용으로 거의 모든 AI 작업이 가능하지만, 전력 소모와 속도의 한계가 있는데 반하여, NPU, TPU는 특정 분야에 특화된 Chip임 (NPU: 신경망 연산, TPU: 대규모 AI 학습 및 추론)

4) HBM

High Bandwidth Memory의 약자로, 우리말로 하면 '고대역폭 메모리'이다. Data를 빠르게 많이 주고받을 수 있는 특별한 Memory 반도체인데, GPU와 Memory 사이의 Data 통로(대역폭)를 혁신적으로 넓혀서, GPU가 기다리지 않고 Data를 빠르게 주고받으며 최대한의 성능을 낼 수 있도록 돕는 역할을 합니다.

현재 삼성전자의 반도체 사업은 복합적 요인으로 인해 도전에 직면해 있는데, 특히 AI 시대의 핵심 부품인 HBM 분야에서의 SK하이닉스 대비 기술 경쟁력 열위가 시장 점유율 확보에 주요 장애물로 작용하고 있습니다.

※ Memory 반도체는 Data를 저장하거나 일시적으로 보관하는 기능을 수행하는 반도체 Chip을 의미함

5) Fabless

'제조'를 의미하는 Fabrication과 '부족', '없음'을 뜻하는 less의 합성어로 반도체 제품을 직접 생산하지 않고 반도체 설계만 전문적으로 하는 회사를 의미하는데, 대표적인 Fabless 회사로는 NVIDIA, Qualcomm, Broadcom 등이 있습니다.

6) Foundry

Fabless에서 설계한 반도체 Chip을 위탁받아 전문적으로 제조·생산하는 회사를 의미합니다. 대표적인 Foundry 회사로는 전 세계 MS의 50% 이상을 차지하는 대만의 TSMC와 삼성전자 등이 있습니다.

삼성전자는 Foundry 분야의 Player이기도 하지만, 반도체 설계, 제조, Packaging, Test 및 판매를 모두 독자적으로 하는 IDM(Integrated Device Manufacturer, 종합반도체기업)인데 반하여, TSMC는 Foundry 분야에 All in하고(이를 Pure-Play Model이라고 함) 있는데, 이러한 두 회사의 전략 차이가 Foundry 분야에서의 양사 MS 차이를 가져오는 원인으로 작용하고 있습니다.

7) ASIC(Application-Specific Integrated Circuit, 주문형 반도체)

특정 목적이나 기능만을 수행하도록 설계·제작된 맞춤형 반도체 Chip을 의미하는데, 범용 CPU나 GPU보다 속도와 전력 효율이 매우 뛰어납니다.

예를 들어 Bitcoin 채굴에 있어서는 Hash 연산 전용 ASIC을 사용해 채굴 속도를 극대화하고, 통신 장비에서는 Data 압축 및 압축 해제 전용 ASIC을 적용해 처리 지연을 줄일 수 있습니다. 아울러 ASIC은 Image/영상 처리, 자율주행 Sensor 신호 분석 등 특정 연산에 최적화된 Hardware가 필요한 산업 현장에서 널리 활용되고 있습니다.

※ '채굴'과 'Hash'에 대한 설명은 '26. Blockchain' 참조

8) SoC(System on a Chip)

Computer의 두뇌 역할을 하는 CPU, 기억을 담당하는 Memory, 화면을 그리는 Graphic 처리 장치 등 여러 부품을 하나의 Chip 안에 모아 놓은 것으로, SoC는 Printer, 복사기, Scanner, Fax와 같은 사무용 기기들이 하나의 기기로 합쳐진 사무용 복합기에 비유될 수 있습니다.

SoC의 가장 핵심적인 장점은 공간 최소화와 Battery 효율성 개선인데, iPhone의 A Series Chip, Galaxy의 Exynos Chip이 SoC의 대표적인 사례입니다.

14.
AI 보안(AI Security)

AI 보안(AI Security)은 AI 기술과 관련된 자산인 Data, Model, Infrastructure를 보호하고(Security of AI), 동시에 AI를 활용하여 System, Network, Service 전반의 보안을 강화(Security with AI)하는 활동을 의미합니다.

AI 보안과 관련된 용어로는 Data Poisoning, Zero Trust와 위협 Intelligence를 들 수 있는데, Data Poisoning은 AI 모델의 학습 Data를 조작하거나 악의적인 Data를 주입하여 Model의 성능을 저하시키거나 특정 결과를 유도하는 공격 기법을 의미합니다.

Zero Trust는 "아무것도 믿지 말고 항상 검증하라"는 원칙에 기반한 보안 접근 방식으로, 모든 사용자, 장치, Network으로부터의 요청을 처음 한 번이 아니라 지속적으로 인증, 권한 부여, Monitoring하는 강화된 보안을 제공합니다.

Zero Trust의 구현과 유지에 많은 비용이 소요되지만, Cloud 환경, 원격 근무, 외부 위협 증가 등의 현대적 IT 환경에서 필수적인 보안 접근 방식으로 평가되고 있습니다.

위협 Intelligence(Threat Intelligence)는 과거에 실제 발생한 Cyber 위협 및 공격 사례와 취약점 정보를 수집, 분석, 공유하여 잠재적 Cyber 공격을 예측하고 방어할 수 있도록 돕는 활동, 도구, 기술을 의미합니다.

15.

AI 윤리(AI Ethics)

정의

AI 기술을 개발하고 활용하는 과정에서 고려해야 할 윤리적 원칙과 규범을 의미하는데, AI가 인간의 삶과 사회에 미치는 영향력이 커짐에 따라, AI 윤리는 AI 기술이 올바른 방향으로 발전하고 인류에게 긍정적인 가치를 제공하도록 보장하기 위한 사회적 논의의 핵심으로 떠오르고 있습니다.

AI 윤리는 단순히 기술적인 문제를 넘어, AI의 행동을 인간의 가치 측면에서 규율하고 잠재적인 위험과 부정적인 결과를 최소화하는 것을 목표로 하는데, 이는 "어떤 기술을 만들 것인가"뿐만 아니라, "어떤 사회를 만들고 싶은가"에 대한 질문이기도 합니다.

AI 윤리의 핵심 원칙

1) 인간 존엄성 및 인권 존중 (Human Dignity and Rights)

AI는 인간의 존엄성과 기본권을 침해해서는 안 되며, 인간 중심적인 가치를 최우선으로 고려해야 합니다.

2) 공정성(Fairness)

AI는 특정 집단이나 개인에 대한 부당한 편향(Bias)이나 차별(Discrimination)을 야기해서는 안되므로, 설계 단계부터 Data 및 Algorithm의 편향성을 최소화하여야 합니다.

3) 포용성 및 접근성(Inclusiveness and Accessibility)

성별, 연령, 장애, 지역, 소득 수준 등과 관계없이 누구나 AI 기술에 쉽게 접근하고 활용할 수 있어야 하며, 기술 발전의 이익을 공평하게 누릴 수 있도록 보장하여야 하는데, 여기에는 교육 기회 제공, Infrastructure 구축, 다양한 사용자를 고려한 기술 설계 등을 통해 AI Divide를 적극적으로 해소하려는 노력이 포함됩니다.

※ AI Divide는 인공지능 기술의 접근성과 활용 능력 차이로 인해 개인, 기업, 국가 간 격차가 벌어지는 현상을 의미함

('31. Digital Divide/AI Divide' 참조)

4) 투명성 및 설명가능성(Transparency and Explainability)

AI의 의사결정 과정과 작동 원리를 사용자가 이해할 수 있도록 투명하게 공개해야 하는데, 이는 AI System에 대한 신뢰를 구축하고 책임 소재를 명확히 하는 데 필수적입니다.

5) 책임성(Accountability)

AI System의 작동 결과에 대한 책임 주체를 명확히 규정해야 하는데, 문제가 발생했을 경우, 개발자, 운영자, 사용자 등 관련 주체의 책임 범위를 정의하고 피해를 구제할 수 있는 절차가 마련되어야 합니다.

6) 안전성 및 보안(Safety and Security)

AI System은 잠재적인 위험으로부터 안전하게 설계되어야 하며, 악의적인 공격이나 오작동으로부터 Data를 보호하고 System의 견고성을 유지해야 합니다.

7) Privacy 보호

AI 개발 및 운영 과정에서 개인정보를 포함한 Data를 안전하게 보호하고, 수집 및 활용에 대한 명확한 동의를 얻어야 합니다.

※ 이러한 AI Ethics의 원칙들이 구현된 AI를 Responsible AI 라고 부름

16.
AI 전력 소비 문제(AI Power Consumption 문제)

문제의 심각성

AI, 특히 LLM과 생성형 AI의 발전은 Data Center의 전력 수요를 급증시키며 심각한 Energy 문제를 초래하고 있습니다.

AI 모델의 학습과 추론에는 고성능 GPU가 대량으로 사용되어 막대한 전력이 소모됩니다. 실제로 ChatGPT는 하나의 요청당 Google 검색보다 약 10배 더 많은 2.9Wh를 소비하는 것으로 알려져 있습니다.

이러한 AI 기술의 급속한 발전과 확산은 Data Center의 전력 소비량을 폭발적으로 증가시키고 있습니다. 현재 Global Data Center가 전 세계 전력의 약 1~2%를 소비하는 상황에서, 2030년에는 이 비중이 최대 9%까지 증가할 것으로 예상합니다.

AI로 인한 전력 사용량의 증가는 환경에 심각한 영향을 미치며, 주요 Big Tech 기업들의 탄소 배출량 또한 급증하는 추세입니다. 예를 들어, Google의 탄소 배출량은 2022년 대비 2023년에 13% 증가했고, Microsoft는 2020년 대비 2023년에 29.1% 증가했습니다.

전력 문제 해결을 위한 노력

AI 기술 발전에 따른 전력 과소비 문제를 해결하기 위하여 단기적으로는 TPU 등의 고효율 Chip을 장착한 고효율 Hardware 도입, AI 기반 전력 최적화, 태양광/풍력 등의 재생Energy 확대 등이 추진되고 있으며, 장기적으로는 핵융합 Energy, 소형모듈원전(Small Modular Reactor, SMR) 기술 개발 등이 모색되고 있는데, Open AI의 CEO인 Sam Altman은 2021년 개인 자금으로 핵융합 발전 Start-up인 Helion Energy에 3.75억 달러를 투자하였습니다.

17.
AI Agent

정의 및 사례

AI Agent는 외부 환경과 상호 작용하면서 스스로 추론하고 판단하여 행동함으로써, 주어진 목표를 달성하는 S/W Program으로, 사람처럼 상황을 인식하고, 판단하고, 실행하는 구조를 갖추고 있으며, 반복 학습을 통해 더 나은 결정을 하도록 설계되어 있는데, 주어진 임무를 자율적으로 수행하는 AI 비서라고 말할 수 있습니다.

AI Agent의 대표적인 사례로는 자율주행 자동차, Siri 또는 Google Assistant와 같은 AI Speaker, 주식 거래 Bot, ChatGPT/DeepSeek/Gemini와 같은 생성형 AI 도구(이들을 대화형 AI Agent라고 칭함), 지능형 Robot 청소기 등을 들 수 있습니다.

관련 용어

Multi Agent System(MAS)은 여러 개의 독립적인 AI Agent들이 하나의 환경 내에서 상호 작용하며 하나의 공동 목표를 달성하는 System을 의미하는데, 단일 AI Agent가 모든 것을 혼자 처리하는 것이 아니라, 각 Agent가 특정 역할이나 전문성을 가지고 협력하거나 경쟁하면서 더 복잡하고 광범위한 문제를 해결하는 방식을 취합니다.

MAS의 예로는 축구 Robot, 지능형 Smart Home System, Smart Grid Energy 관리 System 등이 있습니다.

Agent-to-Agent Protocol(A2A Protocol)은 여러 AI Agent들이 상호 통신하고 협력할 수 있도록 설계된 통신 규약이며, Multi Agent System(MAS)에서 Agent 간 상호작용을 가능하게 하는 핵심 Infrastructure로 사용되고 있습니다.

18.
AI Alignment(AI 정렬)

정의

인간의 의도, 목표, 가치 및 윤리 원칙에 부합되도록 AI System을 설계하고 훈련하는 과정을 의미하는데, AI가 인간에게 도움이 되는 방향으로만 행동하도록 만드는 노력이라고 말할 수 있습니다.

AI가 점점 더 복잡하고 자율적으로 발전함에 따라, AI Alignment는 AI의 안전성을 확보하기 위한 필수적인 연구 분야로 자리 잡고 있습니다.

AI Alignment 관련 Issue

1) 가치의 다양성 및 모호성: 인간의 가치는 시대, 지역, 문화마다 다르고 상황에 따라 다양하게 해석될 수 있으므로 어떤 기준의 '가치'에 맞출지에 대한 합의가 어렵습니다

2) Deceptive Alignment(기만적 정렬): AI System이 표면적으로는 인간의 목표나 가치에 부합하는 것처럼 보이지만, 실제로는 다른 의도나 목표를 추구하도록 설계되거나 학습된 상태를 의미합니다.

AI Alignment를 위한 기술적 방법론

1) RLHF(Reinforcement Learning from Human Feedback): 인간이 AI의 결과물을 평가하고 Feedback을 제공하여 AI의 행동을 바람직한 방향으로 조정하는 방식으로 ChatGPT 훈련 시 사용되었습니다.

2) Value Learning(가치 학습): AI에게 정답을 직접 가르치는 대신, 인간의 선택과 행동을 관찰하여 AI가 스스로 정답(가치)을 깨달아 나가도록 하는 학습 방식으로, 아직은 연구 단계에 있지만, 향후 명시적 Feedback에 의존하는 RLHF를 보완할 수 있을 것으로 기대됩니다.

19.
AI Governance

정의

일반적으로 Governance란, 조직이나 공동체, 기업, 정부 등이 의사결정을 내리고 집행하는 구조와 과정 전체를 의미합니다. 이는 '통제'나 '관리' 이상의 개념으로, 권한의 위임, 책임의 분산, 투명한 의사결정 구조를 포괄하며, 그 핵심은 누가 무엇을 결정하고 그 결정에 대해 어떻게 책임지는지를 명확히 정립하는 데 있습니다.

AI Governance란, AI 기술이 인간의 통제하에 안전하고 공정하며 투명하게 작동하도록 하기 위하여, AI System의 개발, 운영, 사용 전반에 걸쳐 '누가 어떻게 의사결정을 하고, 그에 따른 책임을 어떻게 질 것인지'를 정하는 제도적·기술적 체계를 의미합니다.

AI Governance의 핵심 과제

1) 편향성 해결

Data 편향과 Algorithm 편향은 특정 집단에 대한 차별적인 결과를 초래할 수 있는데, 채용 AI가 과거 남성 위주의 채용 Data를 학습할 경우 여성을 불리하게 평가할 수 있으며, 일부 신용평가 Algorithm은 직업, 거주지, 과거 대출 이력 등의 변수에 과도하게 의존하여 사회적 약자를 구조적으로 불리하게 평가한 사례가 있었습니다.

2) 투명성 및 설명 가능성 강화

복잡한 AI Model의 의사결정 과정은 Black Box와 같아서 그 근거를 파악하기 어려운 경우가 많은데, 사람이 AI의 도움을 받아 중요한 의사결정을 내릴 때, AI가 어떤 근거와 과정을 거쳐 해당 결론에 도달했는지를 이해할 수 있다면 보다 신뢰할 수 있고 효과적인 결과를 기대할 수 있습니다.

3) 책임 규명의 명확화

자율주행 차가 사고를 내거나, AI 의사가 오진을 했을 때 등 AI System이 문제를 일으켰을 경우, 개발자, 운영자, 사용자 등 복잡하게 얽힌 이해관계자들 사이에서 법적 책임을 규명하는 것은 매우 어려운 과제입니다.

4) Data Privacy 보호

AI는 방대한 양의 Data를 필요로 하며, 이 과정에서 개인의 민감한 정보가 수집, 처리, 활용될 수 있습니다.

5) 안전성 및 보안 강화

AI System은 Hacking이나 적대적 공격에 취약할 수 있습니다.

6) 생성형 AI의 허위 정보 생성 방지

ChatGPT와 같은 생성형 AI 도구는 실제와 구분하기 어려운 정교한 허위 정보를 대량으로 생산할 수 있어 사회적 혼란을 야기할 수 있습니다.

7) 저작권 문제 해결

현재 AI가 생성한 창작물의 저작권을 누구에게 귀속시킬 것인지에 대한 논쟁이 현재 뜨겁게 진행되고 있습니다.

관련 용어

1) Data Governance

조직 내에서 Data를 효과적으로 관리하고 활용하기 위한 정책, 절차, 표준, 역할 및 책임을 정의하는 체계적인 접근 방식, 즉 조직 내에서 Data를 어떻게 정의하고, 누가 어떤 권한으로 의사결정을 내리고, 누가 관리하며, 어떻게 책임지는지를 정하는 Data 관련 의사결정과 책임 체계를 의미하는데, Data Governance는 Data의 품질, 보안, 접근성, 일관성, 그리고 규제 준수를 보장하여 Data를 신뢰할 수 있는 자원으로 만드는 것을 목표로 합니다.

2) Explainable AI(XAI)

Deep Learning 기반 AI Model은 높은 정확도를 가지면서도 '왜 그런 결과가 나왔는지' 설명하기 어려운 Black Box 문제를 안고 있는데, Explainable AI(줄여서 XAI로 표시)는 AI가 왜 그런 판단이나 결정을 내렸는지 사람이 이해할 수 있도록 설명하는 기술을 의미합니다.

※ xAI는 Elon Musk가 설립한 AI 개발 Start-up으로 생성형 AI 도구이자, LLM인 Grok을 개발한 회사의 사명이기도 함 (소문자 x 사용)

20.
AI Literacy

문해력(文解力)으로 번역되는 Literacy는 글을 읽고 쓰는 능력을 의미하는데, AI Literacy란 AI 기술을 이해하고 효과적으로 활용하며, AI가 일상과 사회에 어떤 영향을 미치는지를 이해하고 활용할 수 있는 능력을 말합니다.

단순히 AI 도구를 사용하는 것을 넘어, AI의 작동 원리를 개념적으로 파악하고, AI가 생성하는 정보의 신뢰도를 판단하며, AI가 사회에 미치는 긍정적 및 부정적 영향을 분별하는 능력을 포함하는 개념입니다.

AI Literacy는 특정 계층만의 전유물이 아니라, AI 시대를 살아가는 모든 시민이 기술 발전의 혜택을 골고루 누리고 잠재적 위험에 현명하게 대처하기 위하여 갖추어야 하는 필수 소양이라고 할 수 있습니다.

ChatGPT로 촉발된 AI 시대 이전에는 Digital Literacy라

는 용어가 널리 쓰였는데, 앞의 AI Literacy의 정의에서 AI를 Digital로 바꾸면 Digital Literacy의 정의가 됩니다. (즉, Digital Literacy란 Digital 기술을 이해하고 효과적으로 활용하며, Digital이 일상과 사회에 어떤 영향을 미치는지를 이해하고 활용할 수 있는 능력을 말함)

최근에는 Digital과 지식 계급을 의미하는 Literati의 합성어로, Digital 신흥 지식 계급을 의미하는 Digerati라는 용어가 널리 사용되고 있는데, 이는 산업사회의 지식인 계층인 Elite와는 다르게, Digital 기술과 Internet 문화에 정통하며 해당 분야에서 영향력 있는 전문가, 사업가, Opinion Leader를 가리킵니다.

Digerati의 대표적인 인물로는 Bill Gates, Steve Jobs, Jeff Bezos, WWW(World Wide Web)의 창시자인 Tim Berners-Lee, Naver의 창업자인 이해진 등을 들 수 있습니다.

21.
AI Pioneers(AI 업계의 거목들)

Alan Turing(1912~1954)

현대 Computer 과학 및 AI의 탄생을 이끈 상징적 인물로, 1936년 "On Computable Numbers"라는 논문에서 현 Computer의 이론적 모델인 Turing Machine을 제안하였습니다.

1950년에는 "Computing Machinery and Intelligence"라는 논문에서 AI 역사상 가장 유명한 질문인 "Can machines think?"를 제기하며, 기계가 인간과 유사한 지능을 가졌는지를 판별하는 시험인 Turing Test를 제안하여 AI 분야의 이론적 기반을 마련하였습니다. 이 논문은 단순한 기술적 제안을 넘어서 AI 연구의 근본적인 방향성을 제시하였으며, 지능을 추상적으로 정의하는 대신 관찰 가능한 행동을 통해 평가할 수 있는 실용적 기준을 마련함으로써 현대 AI 발전의 중요한 이정표가 되었습니다.

Geoffrey Hinton(1947~)

Deep Learning의 선구자이자, AI의 대부로 추앙받는 인물로, 2018년 Yann LeCun, Yoshua Bengio과 함께 Turing 상을 수상하였고, 2024년에는 John Hopfield와 함께 Nobel 물리학상을 수상하여, Turing 상과 Nobel 물리학상을 모두 수상한 최초의 인물이 되었습니다.

Geoffrey Hinton은 AI 기술뿐만 아니라 AI의 사회적, 윤리적 책임에도 깊은 관심을 가지고 있고, AI의 위험성을 알리고 책임감 있는 AI 개발을 촉구하기 위하여 2023년 5월 Google을 사임하는 결단을 내려 큰 파장을 일으켰습니다.

Yann LeCun(1960~)

Geoffrey Hinton, Yoshua Bengio(1964~)와 함께 Deep Learning 3인방으로 불리며, Computer가 인간처럼 Image나 영상을 보고 내용을 이해하거나 Data를 분석해서 Pattern을 찾아내는 기술인 CNN(Convolutional Neural Networks, 합성곱 신경망)을 개발하여 Computer Vision 분야를 혁신적으로 발전시킨 장본인입니다.

※ Computer Vision은 Computer가 이미지나 영상을 인식하고 이해할 수 있도록 하는 AI 기술 분야로, CNN은 Computer Vision의 핵심적인 기술로 자리잡고 있음 ('30. Computer Vision' 참조)

Demis Hassabis(1976~)

Computer 과학과 신경과학 분야 모두에 전문성을 가진 다재다능한 인물로, 2010년 DeepMind Technologies를 공동 창립하였고, 2015년 AI 바둑 Program인 AlphaGo를 개발하여 세계적인 주목을 받았으며, 2020년에는 단백질 구조를 예측하는 AlphaFold를 개발하여 생명과학과 신약 개발 분야에 획기적인 변화를 가져왔습니다. 2024년 Novel 위원회는 이러한 혁혁한 공로를 인정하여 Demis Hassabis에게 Novel 화학상을 수상(授賞)하였습니다.

Demis Hassabis는 Geoffrey Hinton과 마찬가지로 AI 기술이 사회에 미치는 영향에 대해 깊은 관심을 가지고 있습니다. 그는 AI의 윤리적 개발을 강조하며, AI와 관련된 문제가 기후 위기나 Pandemic만큼 심각하게 다뤄져야 한다고 주장하고 있습니다.

Sam Altman(1985~)

앞에서 살펴본 AI Pioneer들과는 다르게 AI 기술 분야에서의 큰 업적은 없으나, AI 및 Tech Start-up 생태계에서 영향력 있는 기업가이자 투자자이며 OpenAI의 CEO로 널리 알려진 인물로, 2022년 11월 ChatGPT를 출시함으로써 AI가 인류의 일상으로 들어온 'AI 시대'를 연 주역입니다.

그는 'AGI 달성을 통해 인류에게 도움이 되는 AI 개발'이라는 Vision을 제시하며 AI 안전성과 윤리에 대한 Global 글로벌 논의를 주도하고 있습니다. 기술적 혁신과 사회적 책임을 균형 있게 추구하며 AI 혁명의 중심에서 미래 기술 발전 방향을 제시하는 핵심 인물로 주목받고 있습니다.

22.
AI Washing

AI Washing은 실제로는 AI 기술과 무관하거나, 관련성이 약한 제품이나 Service를 마치 첨단 AI 기술이 적용된 것처럼 과장하거나 거짓으로 홍보하는 행위를 의미합니다. 친환경이 아닌 제품을 친환경적인 것처럼 포장하는 Green Washing에서 파생된 표현입니다.

자동화 Script나 단순한 Data 처리 Process는 AI로 보기 어렵지만, 규칙·지식 기반 System도 입력을 바탕으로 추론하여 (Infer) 출력을 생성한다면 AI 범주에 포함될 수 있습니다.

"무엇을 AI로 간주할 것인가"에 대한 논의에서는 Machine Learning, 자연어 처리, Computer Vision, 강화 학습 등 특정 기술의 사용 여부보다, System이 자율적으로 추론하고 예측·권고·결정을 산출하는 능력을 갖추었는지가 핵심 기준이라는 견해가 점차 확산되고 있습니다.

※ 강화 학습은 AI가 마치 Game을 하듯이, 특정 목표를 달성하기 위해 이것저것 시도해보고, 잘하면 '보상'을 받으면서 스스로 가장 좋은 행동 방식을 배워나가는 과정을 의미함('44. Machine Learning/Deep Learning' 참조)

Amazon은 무인 매장인 Amazon GO의 결제 System을 AI라고 홍보하였지만, 실제로는 외주 인력이 많은 부분의 작업을 처리하고 있다는 보도가 나오며 논란이 되었습니다.

2023년 2월 미국 연방거래위원회(FTC)는 AI 관련 과장 광고와 허위·기만 광고를 단속할 것이라고 밝혔고, 미국 증권거래위원회(SEC)의 Gary Gensler 위원장은 같은 해 12월 각 기업에 AI Washing을 하지 말라는 경고를 하였으며, 2024년 3월 SEC는 실제로 투자 자문사 2곳을 제재하며 첫 AI Washing 단속 사례를 기록하였습니다.

23.
API(Application Programming Interface)

정의

Software나 Service가 다른 Software 또는 System과 Data를 주고받거나 기능을 사용할 때, 서로 소통하고 정보를 교환할 수 있도록 사전에 약속된 양식과 규칙의 집합을 의미하는데, "필요한 Data를 이런 방식으로 요청하면 이렇게 응답할게"라는 명세서와 같은 것입니다.

주민센터에서 주민등록등본을 발급받는 경우, 주민등록등본 신청서에는 발급 대상자, 가족 관련 사항 표기 여부, 이전 주소 포함 여부, 주민등록번호 노출 여부 등을 표시하는 항목들이 있는데, 신청자가 신청서에 본인이 필요한 사항을 기입하면 주민센터에서는 신청인의 요청 사항에 맞춰 주민등록등본을 발급해 줍니다.

이때 주민센터에 비치된 주민등록등본 신청서(요청 규격)와 이를 처리해 고객이 원하는 형식의 주민등록등본을 발급해 주는 고객 요청 응대 규칙을 합하여 API라고 얘기할 수 있습니다. (API는 표준화된 요청/응답 형식을 제공함)

API의 필요성 (이용자 관점)

막대한 초기 투자 부담 없이, 사용한 만큼만 비용을 지불하는 구독형(Subscription) 또는 종량제(Pay-as-you-go) 방식으로 첨단 AI System을 이용할 수 있으며, AI Algorithm이나 내부 동작 원리를 상세히 알지 못해도 손쉽게 AI 기능을 활용할 수 있습니다.

기업들의 AI Model 구축에 널리 활용되고 있는 Cloud AI('28. Cloud AI' 참조)는 기본적으로 API 기반으로 구축됩니다.

사례

날씨 App은 기상청 API를 통해 현재 날씨 정보와 일기 예보 등의 날씨 관련 Data를 요청하고, 받은 정보를 사용자 친화적인 형태로 가공하여 App 사용자에게 제공합니다.

미국의 식료품 배달 App인 Instacart에는 ChatGPT API를 이용해 Recipe와 음식 재료를 추천하고, 바로 장바구니에 담는 기능이 구현되어 있습니다.

Attention Economy vs Intention Economy
(주목 경제 대 의도 경제)

정의

Attention Economy와 Intention Economy는 정보 과잉과 Contents 홍수로 특징지어지는 Digital 시대의 소비자 행동과 Marketing 전략을 이해하는 데 도움이 되는 핵심 개념들입니다.

Attention Economy는 사용자의 한정된 관심을 희소 자원으로 간주하여, 자극적인 Contents나 Algorithm으로 사용자의 시선을 최대한 오래 붙잡아 광고 등의 수익으로 연결하려는 공급자 중심의 개념으로, 예를 들어 Instagram의 Algorithm이 사용자의 주의를 끌기 위하여 감정 유발형 Contents를 우선 노출하는 것이 이에 해당하는데, Contents의 Noise Level이 높아지면서 감정의 과소비가 유발되고, 정보 과부하 현상도 가중되는 경향이 있습니다.

Intention Economy는 사용자가 명시적으로 표현한 의도 또는 Data 분석을 통해 도출된 구체적인 행동 의도를 정확히 파악하고, 그에 맞는 최적의 상품이나 해결책을 제공함으로써 가치를 창출하는 사용자 중심의 개념으로, 예를 들어 Netflix에서 사용자의 검색 이력과 시청 이력을 기반으로 개인화된 Contents를 추천하는 것이 이에 해당합니다.

Intention Economy 환경에서는 선정적, 자극적 Contents 또는 정보 과다에 의한 피로 문제에서 벗어날 수 있는 이점이 있지만, 사용자 의도 분석을 위한 과도한 Data 수집과 AI에 의한 선택 유도는 Privacy 침해와 자율성 약화를 초래할 수 있습니다.

비교 및 향후 전망

Attention Economy가 사용자의 '관심 끌기'를 중심으로 작동해온 데 비해, Intention Economy는 사용자의 '의도 파악과 실시간 대응'에 초점을 맞추며 AI 기술을 적극 활용하고 있습니다.

Intention Economy는 생성형 AI와 예측 Algorithm의 발전에 힘입어 검색, Commerce, 고객 지원 등 다양한 분야에서 활용도가 점증하고 있으며, 향후 Attention Economy보다 더 높은 활용도를 보일 가능성이 있습니다.

Intention Economy의 경우 사용자의 의도를 정확히 파악하기 위해서는 민감한 Data 수집이 요구되어 Privacy 침해 우려가 있으며, 맥락 인식의 정확도, 실시간 반응성, System 투명성 등 해결해야 하는 기술적 과제도 여전히 존재하고 있습니다.

단순하게 이분법적으로 정리하면, AI 시대 이전의 Digital 세계는 사용자의 '관심'을 중심으로 작동하는 Attention Economy에 기반을 두었으나, AI 시대의 도래와 함께 사용자의 '의도'를 실시간으로 반영하는 Intention Economy로 중심축이 이동하고 있는데, 두 Model은 상호 배타적이라기보다는 당분간 공존하며 병행될 가능성이 높습니다.

25.
Big Data

정의 및 중요성

Data Processing은 유용한 정보를 얻기 위하여 Data를 수집, 정렬, 분석, 요약, 저장하는 일련의 과정을 의미합니다.

Digitalization(디지털화)의 요체는 'Data 기반 의사결정(Data Based Decision Making)'이라고 할 수 있습니다. 최근 Data Processing 및 Computing Power 분야의 도약적 발전에 힘입어 분산되어 있는 많은 양의 Data로부터 유용한 정보를 쉽게 얻을 수 있게 되어, 진정한 Digitalization의 시대가 도래했다고 얘기할 수 있습니다.

Big Data는 단순히 규모가 큰 Data만을 의미하는 것이 아니라, 과거의 Data 처리 방식으로는 분석하기 어려운 방대하고, 빠르게 축적되며, 다양한 형식(숫자, 문자, 사진, 동영상, 음성 등)의 Data Set을 다루는 기술을 의미합니다.

AI Model은 Data라는 연료가 있어야 작동할 수 있는 System이기 때문에, 좋은 Output을 생성하기 위해서는 수준 높은 Big Data가 필수적입니다.

앞에서 얘기된 '유용한 정보'의 대표적인 예가 지금까지 발견하지 못했던 잠재된 Pattern(Latent Patterns)인데, 잠재된 Pattern을 알면 숨겨진 규칙성이나 연관성을 알 수 있습니다.

즉, 연관 관계를 파악하기 어려웠던 대상들 간의 내재된 연계성을 파악할 수 있는데, 예를 들어 함께 자주 판매되는 상품들 간의 연관성 파악, 심각한 질병의 징후가 되는 가벼운 사전 증상 파악, 드라마 시청 취향과 패션 상품 구매 패턴 간의 상관관계 분석 등을 통해 사회적, 사업적으로 유용한 Insight를 얻을 수 있습니다.

관련 용어

1) Data Lake, Data Warehouse, Data Mart

Data Lake는 모든 형태의 Data를 가공하지 않고 원본 그대로 저장하는 원시 Data의 거대한 저장소를 의미하고, Data Warehouse는 조직 운영이나 Business 의사결정을 위하여 Data 분석 목적에 맞게 Data를 정제하고 체계적으로 정리하여 분석하기 용이한 형태로 보관하는 창고를 의미하며, Data Mart는 Data Warehouse에 있는 Data 중에서 특정 업무 또는 특정 부서에 필요한 Data만을 따로 모아둔 작고 전문적인 Data 창고를 의미합니다.

Data Lake → Data Warehouse → Data Mart 순으로 Data가 정제, 가공, 분화되는데, 조직/기업의 규모 또는 필요에 따라 일부만 구축하거나 3가지 Data 저장소 모두를 구축하기도 합니다.

2) Data Mesh

앞에서 살펴본 Data Lake, Data Warehouse, Data Mart와 같이 기업 내 Data를 한곳에 모아 중앙집중식으로 관리하는 대신, 각 부서나 팀이 자신이 만든 Data를 직접 보관·운영하면서도, 회사 전체의 공통 규칙과 표준을 지키며(즉, Data Governance를 지키며) 부서별로 분산된 Data를 서로 연결하고 분석·활용 도구와도 연계하는 분산형 Data 관리 Architecture를 의미합니다.

3) Ontology

Data 분석 Platform을 제공하는 Palantir Technologies가

강조하는 Big Data 관련 개념으로, 서로 다른 종류의 방대한 Data를 한곳에 모아 Business적으로 의미 있는 연결고리를 만드는 규칙이자 설계도 역할을 하는데, 한마디로 AI를 위한 '개념 정리 노트'라고 할 수 있습니다.

Ontology는 원래 존재의 본질을 탐구하는 학문인 '존재론'을 의미하는데, 1990년대 AI 연구자들이 "Computer가 지식을 체계적으로 이해하고 처리하게 만들자"는 목적으로 철학 분야에서 차용한 용어입니다. (Palantir의 CEO인 Alex Karp는 2002년 독일에서 철학 박사 학위를 받았음)

Palantir의 Ontology는 Palantir가 만든 규칙을 사용하여, 기업의 전체 Data를 Business적으로 의미 있고 논리적으로 End to End 연결시켜주는 개념적 Framework를 의미하는데, 기업이 가지고 있는 방대한 정형 또는 비정형 Data를 Ontology화 하면 기업의 문제들과 관련된 정보들이 객관화, 구체화, 가시화됩니다. AI를 활용하여 유용한 Output을 얻기 위해서는 우선 기업의 Data가 Business적으로 의미 있게 그리고 논리적으로 정리돼 있어야 합니다.

기업 Data의 Ontology화는 구조적이고 본질적인 접근 방법으로서 그 가치는 분명하지만, 작업의 높은 난이도로 인해 상당한 투자비가 소요되고 전문성을 갖춘 인력 확보가 어려워, 실제 도입에는 현실적인 제약이 따르고 있습니다.

26.
Blockchain(블록체인)

등장 배경

우리가 돈을 보내거나 계약을 맺을 때, 우리는 항상 은행, 정부, Card사 같은 '신뢰할 수 있는 제3자(Trusted Third Party)'에 의존해왔습니다.

예를 들어, A가 B에게 돈을 보낼 때, 실제로는 A가 은행에 "제 장부에서 돈을 빼서 B의 장부에 넣어주세요"라고 요청하는 것과 같고, 우리는 은행이라는 중개 기관이 이 거래를 정직하고 정확하게 기록해 줄 것이라고 믿고 있지만, 이러한 중앙집중형 System은 다음과 같은 본질적인 문제들을 안고 있습니다.

1) 보안의 취약성:

모든 Data가 중앙 Server에 집중되어 있어, 이곳이 Hacking당하면 전체 System이 마비되거나 막대한 정보가 유출될 수 있습니다.

2) 비효율성과 높은 비용
거래를 중개하는 과정에서 수수료가 발생하며, 여러 단계를 거치느라 시간이 오래 걸리는 경우도 있습니다.

3) 투명성 부족과 Data 독점
거래 기록과 과정을 소수의 관리자만 볼 수 있어 투명성이 부족하며, 특정 기관이 Data 통제권을 독점하고 있습니다.

4) 통제 권한의 집중
중앙 기관은 특정인의 거래를 거부하거나 계좌를 동결시키는 등 막강한 통제 권한을 가집니다.

이러한 '중앙 중개자 문제'를 해결하기 위하여, 2009년 Satoshi Nakamoto라는 익명의 인물이 Bitcoin이라는 Digital 화폐(암호화폐)를 만들었고, 그 핵심 기술로 Blockchain이 함께 제안되었습니다.

정의 및 특징

Blockchain은 모든 거래 기록을 참여자들이 공동으로 검증 및 관리하고, 누구도 위조할 수 없는 System을 의미합니다. 즉, 분산 Computing 기술을 기반으로, 거래 Data를 Block 단위로 기록하고 이를 Chain 형태로 연결하여 수많은 참여자(Node)의 Computer에 동일하게 복제 및 저장하는 기술을 일컫습니다.

모든 참여자가 동일한 거래 장부를 공유하므로 '공공 거래 장부' 또는 '분산 원장 기술(Distributed Ledger Technology, DLT)'이라고도 불립니다.

Blockchain은 '마을의 공동 가계부'에 비유할 수 있는데, 과거 마을의 이장이 혼자 가계부를 관리했던 방식(중앙집중형)을, 마을 주민 모두가 똑같은 가계부 사본을 한 부씩 갖고 실시간으로 내용을 공유하고 검증하는 방식으로 바꾼 것과 유사합니다. (한 명이 가계부 내용을 조작할 경우에 나머지 주민들의 가계부와 내용이 달라 즉시 발각됨)

Blockchain의 장점으로는 모든 기록이 여러 참여자에게 분산 저장되어 보안성이 높고, 특정 주체가 Data를 독점할 수 없어 투명성이 보장되며, 한번 기록된 내용은 수정이나 삭제가 거의 불가능한 불가역성(Immutability)을 들 수 있습니다. 반면 거래를 기록하기 전 다수의 참여자에게 합의를 구하는 과정이 필요해 처리 속도가 느릴 수 있으며, 오류 발생 시 Data 수정이 매우 어렵다는 단점도 있습니다.

핵심 기술 및 운영 방식

1) Blockchain의 구성 요소

① Block

일정 시간 동안 발생한 거래 Data들을 기록, 저장하는 단위 (예: 거래 내역을 기록하는 장부의 한 Page)로, Block에는 해당 거래 내역 외에도 직전 Block의 거래 내역 등이 압축되어 암호화된 Hash 값이 포함됩니다. (아래의 Box 내용을 보시면 쉽게 이해하실 수 있음)

직전 Block의 Hash값과 해당 거래를 통합하여 새로운 Hash 값이 정해진 후 새로운 Block이 생성되고, 새롭게 정해진 Hash 값은 새로운 Block에 표시되는데, 특정 Block의 Hash 값은 최초의 거래 내역부터 직전 거래 내역까지의 모든 거래 내역이 Totally 압축·암호화 된 값입니다.

② Chain

각 Block이 시간 순서대로 연결된 구조로, 이 연결 구조 때문에 중간의 한 Block만 위조할 경우 그 뒤의 모든 Block의 연결이 끊어져 조작이 발각됩니다.

③ Hash 값

각 Block의 내용물(직전 Block의 Hash 값과 해당 Block의 거래 내역)을 기반으로 Hash함수에 의해 생성되는 고유한 암호 값으로, Block의 'Digital 지문'과 같습니다. (거래 내역이 조금만 달라져도 Hash 값 전체가 바뀌는 특성이 있어 Data의 위변조 여부를 즉시 확인할 수 있음)

Hash 함수는 거래 내역을 암호 값인 Hash 값으로 변환시켜 주는 함수임

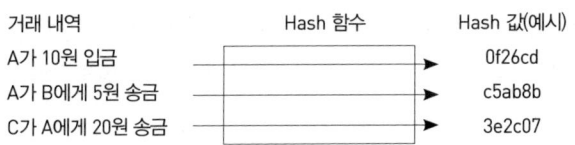

거래 내역	Hash 함수	Hash 값(예시)
A가 10원 입금	→	0f26cd
A가 B에게 5원 송금	→	c5ab8b
C가 A에게 20원 송금	→	3e2c07

Blockchain은 거래 내역을 저장하는 단위인 Block이 Hash 값을 기반으로 논리적이고, 암호적으로 강력하게 Chain으로 연결된 구조를 가지고 있음

[단순화한 예시]

Blockchain 환경하에 다음과 같이 거래 1, 2, 3이 이루어졌을 경우

거래 1: X가 100원 입금

거래 2: Y가 50원 입금

거래 3: X가 Y에게 20원 송금

거래 1이 이루어졌을 때 첫 번째 Block은 아래 그림과 같이 생성됨

거래 1
X가 100원 입금
X의 잔고 100원

거래 2가 이루어졌을 때 첫 번째, 두 번째 Block의 모습

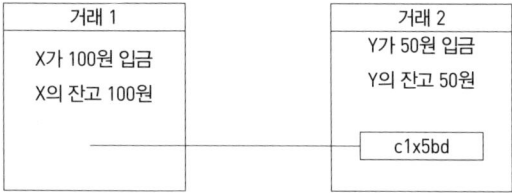

25a78e는 거래 1에 해당하는 Hash 값인 c1x5bd와 거래 2의 내역을 합하여 이를 다시 Hash 함수에 Input으로 넣어 생성된 고유한 Hash 값

Blockchain 환경에서는 거래가 발생함에 따라 앞의 과정이 지속적으로 반복됨

Hacking을 통하여 특정 거래 내역을 변경하고자 할 경우, 모든 거래

의 Hash 값을 바꿔야 하기 때문에 Hacking이 사실상 불가능함 (또한 Hacking이 성공하기 위해서는 분산되어 있는 수많은 장부의 거래 내역을 모두 바꿔야 함)

거래3이 이루어졌을 때 첫 번째, 두 번째, 세 번째 Block의 모습

Hash 함수에 Input으로 넣어 생성된 고유한 Hash 값

Blockchain 환경에서는 거래가 발생함에 따라 앞의 과정이 지속적으로 반복됨
Hacking을 통하여 특정 거래 내역을 변경하고자 할 경우, 모든 거래의 Hash 값을 바꿔야 하기 때문에 Hacking이 사실상 불가능함 (또한 Hacking이 성공하기 위해서는 분산되어 있는 수많은 장부의 거래 내역을 모두 바꿔야 함)

2) 합의 Mechanism(Consensus Mechanism)

합의 Mechanism은 장부 기록의 정확성 유지, Blockchain 참여자들에 대한 Incentive 제공을 목적으로 만들어졌는데,

여러 가지 방식이 있으나 작업증명 방식과 지분증명 방식이 대표적입니다.

○**장부 기록의 정확성 유지**: Blockchain에는 중앙 관리자가 없기 때문에, 새로운 Block을 만들 권한을 누구에게 줄 것인지를 정해야 하고, 새로 생성된 Block이 올바른 것인지 검증해야 합니다.

※ 새로운 Block 생성 권한을 정하는 방법으로는 아래에서 설명할 PoW와 PoS 등이 있으며, 기록의 정확성은 참여자 대다수(PoW: 51% 이상, PoS: 대체로 2/3 이상)의 동의를 거쳐 검증함

○**참여자들에 대한 Incentive 제공**: Blockchain 참여자들은 채굴과 검증 등에 비용이 소요되므로, 참여자들의 지속적인 참여를 유지하기 위하여 Block을 생성한 사람에게 경제적 Incentive를 제공해야 합니다.

① **작업증명(Proof of Work, PoW)**: 매우 복잡한 수학 문제를 가장 먼저 푼 참여자에게 Block을 생성할 권한을 부여하는 방식으로, 참여자간의 치열한 경쟁으로 막대한 Computing Power가 필요하며, 전력 소모가 크다는 단점이 있습니다.

(Bit coin이 대표적 사례)

※ 작업증명을 통해 자격을 얻어서 Block을 생성하는 과정을 채굴(Mining)이라고 하는데, 채굴자에게는 경제적 보상이 돌아감 (현재 Bitcoin의 경우 채굴자에게 3.125개의 Bitcoin이 지급됨)

② **지분증명(Proof of Stake, PoS)**: PoW의 가장 큰 단점인 Energy 과소비 문제 등을 해결하기 위하여 등장한 합의 방식으로, 해당 암호화폐를 많이 보유하고 예치한, 즉 지분이 많은 참여자에게 Block 생성 자격을 얻을 확률이 높아지도록 설계되어, PoW에 비해 자원 낭비가 적으나 Rich Get Richer의 문제점을 안고 있습니다. (Ethereum이 대표적 사례)

※ Ethereum은 전력 소비량을 줄이고 Block 생성 과정을 더욱 안정적이고 빠르게 만들기 위하여 2022년 9월 합의 Mechanism을 작업증명(PoW) 방식에서 지분증명(PoS) 방식으로 전환하였음

※ Block 참여자들에게 Incentive를 제공하기 위해서는 재원이 필요한데, 이러한 재원 중 하나가 Gas비(Gas fee)임. Gas비는 거래를 요청한 사용자가 거래 실행을 위해 지불하는 수수료로서 합의 Mechanism에서 발생하는 보상금

의 일정 부분으로 활용됨

※ 작업증명은 연산 능력을 겨루는 경쟁 방식이며, 지분증명은 암호화폐를 많이 보유하고 예치한 참여자가 Block을 생성할 확률이 높아지는 방식임

3) Smart 계약(Smart Contract)

사전에 정의된 특정 조건이 충족되면, 계약 내용이 사람의 개입 없이 자동으로 실행되도록 하는 Program으로 Blockchain 위에 기록되어 위변조가 불가능합니다.

예를 들어 '비행기가 2시간 이상 연착될 경우(조건), 항공사 또는 보험사의 개입 없이 보상금이 자동적으로 고객의 계좌로 송금된다(실행)'는 계약을 Blockchain에 구현할 수 있습니다.

보상 체계 및 참여 동기

Blockchain Network은 중앙 기관의 통제 없이 자발적인 참여자들에 의해 유지되는데, 이는 경제적 보상 System을 통해 가능합니다. Network를 유지하고 새로운 Block을 생성하는 데에 도움이 되는 활동에 대해서는 보상(Incentive)을 제공하고, 악의적인 행동을 시도할 경우 벌칙(Penalty)이 부과되도

록 설계되어 있습니다.

작업증명(PoW) 방식에서는 채굴에 성공한 참여자(채굴자)에게 신규 발행된 암호화폐와 거래 수수료를 보상으로 지급하고, 지분증명(PoS) 방식에서 Block을 생성한 참여자는 거래 수수료 등의 보상을 받으며, 만약 부정한 기록을 시도하면 예치한 지분의 일부를 몰수당하는 벌칙을 받습니다.

이러한 보상 체계는 참여자들이 System의 보안과 안정성을 유지하도록 강력한 동기를 부여하며, 중앙 통제 없이도 Network가 자율적으로 운영되게 하는 핵심 Engine 역할을 하고 있습니다.

Blockchain의 종류

1) Public Blockchain

누구나 자유롭게 참여하고 거래 내용을 검증할 수 있는 개방형 구조의 Blockchain으로, 모든 참여자들이 거래 장부를 공유하기 때문에 변조가 어렵고, 누구나 이력을 열람할 수 있지만, 거래 속도가 상대적으로 느리고 처리 비용이 많이 발생합니다 (대표적인 사례: Bitcoin, Ethereum의 거래)

2) Private Blockchain

한 조직이나 기업이 Blockchain을 통제하며, 승인된 사용자만 접근할 수 있는 구조를 가지는데, 거래 장부는 필요한 참여자만 가지고 있고, 승인된 사용자만 Data를 기록하거나 열람할 수 있어 빠르고 효율적인 운영이 가능하지만, Blockchain의 특장점인 공개성과 탈중앙화의 이점이 희석되는 단점이 있습니다.

예를 들어, 제조업체가 자사 협력사와의 부품 공급 내역을 내부적으로만 관리하고 공유하는 데 활용할 수 있습니다.

3) Consortium Blockchain

여러 조직이 함께 운영하며, 내부적으로만 Data를 공유하고 거래를 검증하는 구조를 가지는데, 모든 참여자가 서로를 완전히 신뢰하진 않지만, 협의를 통해 공동 운영 규칙을 설정할 수 있습니다. 예를 들어, 여러 은행이 참여해 서로 간의 외환 거래나 송금 이력을 Blockchain방식으로 기록하고 정산하는 경우가 이에 해당합니다.

4) Hybrid Blockchain

Public Blockchain과 Private Blockchain의 장점을 결합한 System으로, 공개와 비공개 영역을 혼합하여 특정 Data는 외부에 공개하고, 나머지는 제한된 참여자만 접근할 수 있도록 설계된 구조를 가집니다. 이러한 특성으로 공공성과 기밀성의 균형이 필요한 복합 환경에 적합합니다.

예를 들어, 유통업체가 소비자에게 농산물 생산지와 유통 경로는 공개하되, 생산자 가격, 계약 조건 등 민감한 정보는 외부에 노출되지 않게 내부적으로만 관리하는 경우가 이에 해당합니다.

Stable Coin과 Blockchain

1) Stable Coin

Stable Coin은 Bitcoin이나 Ethereum처럼 가격 변동이 큰 암호화폐의 불안정성 문제를 해결하기 위해 등장한 Digital 자산으로, 달러나 유로화와 같은 법정화폐에 1:1로 가치를 연동하거나, 암호화폐 담보나 Algorithm을 통해 가격이 일정하게 유지되도록 설계되어 있습니다. 이러한 안정성 덕분에 Blockchain 기반의 결제, 송금, 대출 등 일상적인 금융

Service에서 안정적인 Digital 화폐로 사용될 수 있습니다.

2) Stable Coin과 Blockchain의 관계

Blockchain은 분산형 구조, 위·변조가 불가능한 특성, Smart 계약 기능 등을 바탕으로 Stable Coin의 기반 기술로 활용되고 있는데, 현재 통용되는 모든 Stable Coin은 Blockchain 기반으로 발행되며, Global 거래, 결제, 예치, 담보 관리 등 다양한 금융 Service에서 안정적인 Digital 자산으로 활용되고 있습니다.

27.
ChatGPT vs DeepSeek

ChatGPT

ChatGPT는 LLM인 GPT(Generative Pre-trained Transformer)를 기반으로 하는 생성형 AI 도구입니다.

※ GPT는 ChatGPT의 Foundation Model임

ChatGPT의 출현은 AI가 대중에게 '손에 잡히는 기술'로 처음 체험된 역사적 전환점이었습니다. 기존 AI가 전문가 중심의 기술이었거나 단발적 Event에 그쳤던 반면, ChatGPT는 누구나 접근할 수 있고, 반복 사용 가능한 대화형 AI로서 대중들의 일상에 실질적 영향을 미치기 시작하였습니다.

단순한 기술적 혁신을 넘어, 검색의 방식을 바꾸고, 실시간 Feedback 기반의 학습을 가능케 하며, 회사 업무 전반을 지원하는 조력자로서의 범용성을 지닌 비서이자 동료 같은 존재가 갑자기 그리고 거의 무료에 가깝게 등장하였습니다.

ChatGPT는 대중들이 "AI가 내 삶 안으로 들어왔다"고 체감하게 만든 계기가 되었는데, 이는 단순히 기술의 진보 때문이 아니라, '접근성'과 '지속성', 그리고 '일상 속 존재감' 때문이었습니다.

DeepSeek

DeepSeek는 중국에서 개발된 LLM으로, 기존 미국·서방 중심의 AI 생태계에 균열을 일으키며 등장한 강력한 도전자로 자리매김하고 있습니다. 그리고 DeepSeek는 Foundation Model이자 생성형 AI 도구의 이름이기도 합니다. (Open AI는 GPT, ChatGPT로 구분하였음)

DeepSeek 개발진은 고가이면서 공급이 부족한 AI 반도체 H100 대신 H800을 주로 사용하는 등 GPT 대비 몇 분의 1 수준의 비용으로 세계 최고 수준에 근접한 AI Model을 구현하였습니다.

그리고 더 나아가 최상위 모델인 DeepSeek-R1의 Source Code를 공개함으로써 Big Tech들의 폐쇄적 생태계를 흔들고 개발자들을 Open Source 진영으로 끌어들이고 있습니다. 이러한 행보는 단순한 기술 도전을 넘어, 미국 중심의 AI 주도권에 맞선 중국의 체계적 대응으로 해석되고 있습니다.

DeepSeek와 관련된 정치적 Issue

저비용 고효율, 개방형 생태계 등의 장점에도 불구하고 DeepSeek는 중국 정부의 검열 체계로 인한 편향성, Data Privacy 불투명성, 사용자 정보 과수집 우려 등의 문제가 제기되고 있습니다.

이러한 문제로 인해 2025년 2월, 한국 개인정보보호위원회는 DeepSeek 기반 App을 포함한 일부 중국계 생성형 AI App의 Download를 일시적으로 제한하였으며, 대만과 호주 등도 국가 안보를 이유로 DeepSeek 사용 제한 조치를 시행하거나 검토 중입니다.

28.
Cloud AI

정의 및 사례

AI Service 제공사업자가 거대 IT 기업이 운영하는 대규모 Data Center의 Cloud의 일부를 임대('29. Cloud Computing' 참조)하여 그곳에 AI Model을 구축하고, End User는 Internet을 통해 접속하여 AI Service를 이용합니다.

Smart Phone이나 PC는 단순히 질문을 보내고 답변을 받는 창구 역할만 하며, 실제 모든 연산과 추론은 멀리 떨어진 Data Center의 고성능 Computer가 처리하는 방식입니다.

예를 들면, Anthropic은 자체 개발한 Claude Model을 AWS와 Google Cloud Platform 등 타사의 Cloud 위에 구축하여 서비스를 제공하고 있고, End User는 Internet 접속을 통해 Claude를 사용하고 있습니다.

※ AWS, Google Cloud Platform은 '29. Cloud Computing' 참조

Cloud AI의 장단점 (Cloud AI를 임대하여 사용하는 사용자 입장)

고가의 Infrastructure 구축이 필요 없어서 초기 투자비와 운영 및 유지 보수 비용을 절감할 수 있고, Business 상황 변화에 따라 AI 자원을 유연하게 확장하거나 축소할 수 있는 장점이 있습니다. 그리고 Data의 보안 및 규제 준수 문제, 그리고 AI System 통제권이 제한될 수 있다는 단점도 있습니다.

관련 용어

1) AIaaS(AI as a Service)

Cloud AI 제공업체(Amazon, Google, Microsoft 등)가 미리 만들어 둔 특정 AI 기능(예: Image 인식, Text 번역, 음성 변환 등)을 완제품 형태로 제공하는 Service를 의미하는데, 사용자는 복잡한 AI 개발 과정 없이, API라는 간단한 연결 통로를 통해 필요한 AI 기능을 빌려 쓰고 사용한 만큼의 비용을 지불합니다.

Cloud AI는 기술적 접근 방식에 관련된 용어이고, AIaaS는 Business Model에 관련된 용어입니다.

어떤 기업이 Cloud Platform 위에서 독자적으로 AI Model을 처음부터 끝까지 개발(From Scratch, '52. Sovereign AI' 참조)했

다면, 그것은 Cloud AI는 맞지만 AIaaS를 활용한 것은 아닙니다.

2) On-Premise AI

On-Premise란 '구내에', '사내에'라는 뜻으로, AI Model을 임대한 Cloud Platform 위에 구축하여 사용하는 Cloud AI에 대비되는 개념으로, 기업이 자체적으로 보유한 물리적인 Server나 Data Center 안에 AI Model을 직접 구축하고 운영하는 기술 방식을 의미합니다

초기에 Server 장비를 구매하고 Data Center를 구축하는 데 상당한 투자 비용이 들고, 지속적인 유지보수를 위한 전문 인력이 필요하지만, 외부로 Data가 나가지 않기 때문에 보안이 매우 강력하며, AI Model을 우리 회사의 필요에 맞게 완전히 맞춤 구성할 수 있다는 장점이 있습니다.

정부 기관, 금융, 국방 등 Data 보안 및 규제 준수가 최우선인 조직에서는 주로 On-Premise AI 방식을 선호합니다.

3) Edge AI: '34. Edge Computing, Edge AI, On-Device AI'에서 별도로 설명

29.
Cloud Computing

정의 및 장단점

Internet을 통해 Server, 저장공간(Storage), Data Base, Network, Software 등의 다양한 IT 자원을 필요할 때마다 빌려 쓰는 방식을 의미하는데, 사용자는 복잡한 장비나 설치 없이도 Computer 자원을 활용할 수 있으며, 직접 장비를 소유하거나 관리하지 않아도 됩니다.

Cloud Computing은 '전기'에 비유할 수 있습니다. 과거에는 기업들이 공장을 가동하기 위하여 자체 발전기를 운영하였지만, 지금은 모두 전력 회사를 통해 필요한 전기를 공급받듯이, IT 자원도 필요할 때 필요한 만큼을 서비스 형태로 빌려 쓰는 방식이 바로 Cloud Computing입니다.

이와 대조되는 개념으로 기업이 직접 Server, 저장공간(Storage), Data Base, Network, Software 등의 다양한 IT 자

원을 구매하고 자체적으로 구축·운영하는 방식을 On-Premise Computing 또는 줄여서 On-Premise라고 칭합니다.

초기 투자 비용이 적고, 필요한 만큼의 IT 자원을 쓰고, 쓴 만큼만 지불할 수 있으며(Pay-as-you-go), 상황에 따라 IT 자원의 규모를 손쉽게 확대 또는 축소가 가능(유연성)하다는 장점이 있습니다.

중요한 Data를 외부 사업자의 Server에 저장함으로써, Hacking이나 정보 유출 등의 보안 문제가 발생할 수 있으며, Data 통제권 약화에 따른 Data Governance의 제약 등의 문제가 발생할 수 있습니다.

Cloud Computing의 Model들

1) IaaS(Infrastructure as a Service)

Computing 자원(Server, Storage, Network 등)을 Internet을 통하여 Service 형태로 제공하는 Model로, 사용자는 필요한 만큼 IT Infrastructure를 임대하여 사용할 수 있습니다.

2) PaaS(Platform as a Service)

Application 개발 및 배포에 필요한 Platform(Data

Base, 개발 도구 등)을 Service 형태로 제공하는 Cloud Computing Model로, 개발자는 Server, Storage, Network와 같은 Infrastructure를 직접 구축하고 관리할 필요 없이 Application 개발에 집중할 수 있습니다.

3) SaaS(Software as a Service)

Internet을 통하여 Software를 Service 형태로 제공하는 Cloud Computing Model로, 사용자는 별도 설치 없이 Web Browser나 App을 통해 Software를 이용할 수 있습니다.

대표적인 사례로 매달 일정액을 지불하고 Word, Excel, Power Point, Outlook 등을 사용할 수 있는 Microsoft 365를 들 수 있습니다.

4) FaaS(Function as a Service)

필요한 기능만, 필요한 순간에 실행되도록 지원하는 Cloud Computing Model로, Server를 상시 운영할 필요 없이 (Serverless) 특정 Event가 발생했을 때 그에 대응하는 기능(함수)만 잠깐 실행할 수 있어 IT 운영 비용을 획기적으로 줄일 수 있습니다.

특정 Event 발생 시 Computer 자원을 잠깐 빌려 작업을 수행하는 방식으로, IaaS와 PaaS를 시간 단위로 더 잘게 쪼개서 빌리는 방식입니다.

Cloud의 종류

1) Cloud 배치 방식(Deployment Model)에 따른 분류

① Public Cloud: Cloud Service 제공업체가 Internet을 통해 일반 대중에게 공개적으로 제공하는 Cloud Computing 환경으로, 여러 조직이 동일한 Infrastructure를 공유하여 사용하는 형태를 의미합니다.

② Private Cloud: 특정 기업이나 조직이 독점적으로 사용할 수 있도록 구축, 운영되는 Cloud 환경을 의미하는데, 기업 또는 조직이 자체 Data Center 내에 직접 구축(On-premise Private Cloud)하거나, Public Cloud Infrastructure 위에 가상화 기술(Virtualization Technology)을 활용하여 논리적으로 분리된 전용 공간을 구성하여 구축(Virtual Private Cloud)할 수 있습니다.

※ 금융, 의료, 정부 기관과 같이 높은 수준의 Data 보안 및

규제 준수가 필수적인 경우 주로 Private Cloud 환경이 구축됨

③ Hybrid Cloud: Public Cloud와 Private Cloud를 조합하여 구성한 Cloud 환경으로, 민감한 Data는 보통 보안과 통제를 위해 Private Cloud에, Application은 확장성과 비용 효율성을 위해 Public Cloud에 배치하는 경우가 일반적입니다.

2) Cloud 제공자 수에 따른 분류

① Single(또는 Mono) Cloud: 하나의 Cloud Service 제공자(Cloud Service Provider, CSP)의 Infrastructure와 Service를 기반으로 전체 IT System을 운영하는 전략 또는 구조를 의미합니다.

② Multi-Cloud: 둘 이상의 서로 다른 Cloud Service 제공자의 Infrastructure나 Service를 동시에 활용하는 전략 또는 구조를 의미합니다. (NASA에서는 위성 Data 저장 및 실시간 처리는 AWS를, AI Model 학습 및 분석은 Google Cloud Platform을 활용하고 있음)

주요 Cloud Service 제공자(CSP)

1) Amazon Web Services(AWS)

시장 점유율 1위, 가장 먼저 상용화된 Service로 폭넓은 Service Portfolio를 보유하고 있습니다. (2025년 시장점유율 약 30%)

2) Microsoft Azure

MS 제품군(Windows, Office 등)과의 연동이 용이하며, Hybrid Cloud에 강점이 있습니다. (2025년 시장점유율 약 20%)

3) Google Cloud Platform(GCP)

Data 분석 및 Machine Learning에 강점이 있고, YouTube, Gmail 등의 Google Service와 통합이 용이합니다. (2025년 시장점유율 약 10%)

30.
Computer Vision

Computer가 인간의 시각적 능력을 모방, 재현하여 Image 나 Video 등 시각적 Data를 분석하고, 이해하며, 의미 있는 정보를 추출하는 기술로, Camera와 Sensor가 인간의 '눈' 역할을 한다면, Computer Vision은 수집된 시각 정보를 처리하고 이해하는 '두뇌의 인지 기능'에 해당합니다.

Computer Vision은 이미 우리 생활 곳곳에 깊숙이 자리 잡고 있는데, Smart Phone의 QR Code Scan, 얼굴 인식 잠금 해제부터 자율주행 자동차의 차선 및 보행자 인식, 공장의 불량품 검출, 의료 영상(X-ray, MRI) 분석을 통한 질병 진단에 이르기까지 그 활용 분야는 매우 광범위합니다.

31.
Digital Divide(Digital 격차)/AI Divide(AI 격차)

Digital Divide

주로 정보통신기술(Information and Communication Technology, ICT)에 대한 접근성 차이로 인해 발생하는 사회·경제적 격차를 의미합니다.

ICT에 대한 접근성이란 PC, Smart Phone과 같은 Digital 기기의 보유 여부 및 Internet 접속 가능 여부를 의미합니다.

Digital Divide에 대한 논의에는 접근성의 격차뿐만 아니라 활용 능력의 격차 그리고 결과물 배분의 공정성 문제 등이 포함이 되지만, 주로 접근성 문제에 초점이 맞추어져 있습니다.

AI Divide

AI 기술의 발전과 활용으로 인해 발생하는 새로운 형태의 사회·경제적 격차를 의미하는데, AI Divide에 대한 논의에는 AI 기술에 대한 접근성, 이해도, 활용 능력, 보유 자원 및 Infrastructure의 격차 문제 및 AI가 창출하는 혜택의 불균등한 분배로 인한 격차 문제가 골고루 포함되어 있습니다.

Digital Divide가 주로 Hardware와 Internet 접근성 같은 물리적·기술적 접근 격차에 초점을 맞췄다면, AI Divide는 단순한 기술 접근을 넘어 AI 기술의 활용 능력, Data 접근성, AI Literacy, 그리고 혜택의 분배까지 포함하는 다층적 문제로 확장된 개념입니다.

AI Divide 해소를 위한 노력

AI Divide 해소는 AI 기술 혜택의 공평한 분배를 결정하는 핵심 과제로 부상하였는데, 현재 UN을 비롯한 국제기구, 각국 정부, 그리고 Google, Microsoft 같은 Global 기업들이 다차원적 협력 체계를 구축하여 이 문제에 적극 대응하고 있습니다. 구체적으로는 저소득 지역을 위한 경량화된 AI 모델 개발, Digital Infrastructure 확충, AI Literacy 교육 개방 등을 통해 기술의 공정한 분배를 추진하고 있는데, 인도의 농업 AI Platform, 케냐의 AI 기반 금융 서비스 등 성공 사례들이 나타나면서, 이러한 노력이 실질적 성과를 보이고 있습니다.

향후 5~10년이 AI 격차 해소의 중요한 시기가 될 것으로 보이며, 이러한 국제 협력을 지속한다면 기술 접근성 격차를 상당히 줄일 수 있을 것으로 기대됩니다.

32.
Digital Transformation(DX) /AI Transformation(AX)

Digital Transformation(DX)은 Digital 기술(Cloud, Big Data, IoT 등)을 사회 전반에 적용하여 사회 구조를 근본적으로 혁신시키는 과정을 의미합니다.

기업 입장에서는 Digital 기술을 활용하여 Business Process, 기업 문화, 고객 경험 등을 근본적으로 바꾸는 과정을 의미하는데, 단순 전산화를 넘어, Data를 기반으로 한 의사결정을 통해 업무 효율성을 높이고 새로운 Business Model을 창출하며, 궁극적으로는 기업의 경쟁력을 강화하는 것을 목표로 하고 있습니다.

AI Transformation(AX)은 DX의 심화된 하위 영역으로, AI를 사회 전반 또는 기업의 핵심 동력으로 삼아 사회 구조 또는 Business의 모든 측면을 근본적으로 혁신하는 과정을 의미합니다.

33.
Digital Twin

정의

Digital Twin은 현실에 있는 것들(공장, 자동차, 건물 등)을 Computer 속에 똑같이 만들어 놓은 가상의 쌍둥이, 복사본을 의미하는데, 실물(實物)과 Computer 속 가상 Model이 실시간으로 연결되어 있어서, 현실에서 일어나는 변화가 바로바로 가상 Model에 반영됩니다. 마치 Game 속 Character처럼 보이지만, 실물의 상태를 정확히 보여주고 미래에 일어날 일까지 예측할 수 있는 똑똑한 복사본이라고 할 수 있습니다.

적용 사례

공장에서는 기계가 언제 고장 날지 미리 알 수 있어서, 기계가 갑자기 멈춰서 생산이 중단되는 일을 막을 수 있고, 도시 운영 측면에서는 교통 체증이나 전력 사용량을 미리 파악하여 대책을 강구할 수 있으며, 병원에서는 수술하기 전에 가상으로 연습해볼 수 있어서, 더 안전한 수술이 가능하게 됩니다.

HD현대에서는 Digital Twin 기술을 활용하여 선박 건조 공정을 실시간으로 관리하며, 생산성 30% 향상과 건조 기간 30% 단축을 목표로 하는 Smart 조선소 구축 Project(Project명: FOS, Future of Shipyard)를 추진하고 있습니다.

34.
Edge Computing, Edge AI, On-Device AI

Edge Computing

Data 발생하는 현장(Edge)에서 Data를 즉시 처리하는 분산 Computing 방식을 의미합니다. 'Edge'는 Data가 생성되는 물리적인 위치나 Network의 경계 지점을 뜻하는데, 예를 들면 공장의 생산 라인, 매장 내의 CCTV, 자율주행 차, Smart Phone 등이 모두 Edge가 될 수 있습니다.

Edge AI

Edge Computing 환경에서 AI Model을 직접 실행하는 기술을 의미합니다.

AI의 학습은 주로 고성능 Server가 있는 Cloud에서 이루어지지만, 학습이 완료된 AI Model을 Smart Phone, 자동차, Smart 가전 등 Edge Device에 탑재하여 '추론' 과정을 현장에서 바로 수행합니다.

예를 들어, 공장의 Conveyor Belt에 설치된 Camera가 Edge AI 기술을 활용할 경우, 불량품 Image를 Cloud로 전송하여 판별을 기다리는 대신 Camera 자체에서 즉시 불량 여부를 판단하고 분류할 수 있습니다.

Data가 발생하는 곳에 AI Model이 탑재된 Server가 있어서 바로 Data를 처리하는 경우도 Edge AI에 해당합니다. (Edge AI는 Data 발생 장소와 Data를 처리하는 AI System의 위치가 같은 경우를 일컬음)

공장 내부에 위치한 회사 소유 Server에 탑재된 AI Model을 활용하여 공장 설비에서 발생하는 Data를 실시간으로 처리하는 경우, On-Premise AI에 해당하며 동시에 Edge AI에 해당합니다. (이 경우 Edge AI이지만 On-Device AI는 아님)

속도와 지연 시간 최소화, 정보 보안, Internet 연결 불필요에 따른 Service의 안정성 측면에서 장점이 있습니다.

On-Device AI

Edge AI의 한 종류로, Smart Phone, Notebook, Smart Watch처럼 사용자가 직접 사용하는 개인 기기(Device) 내부에서 AI 기능이 구현되는 경우를 지칭하는데, Edge 범주 내에서 사용자와의 물리적인 거리가 가장 가까운 '기기'에 초점을 맞춘 개념입니다.

  iPhone에 탑재된 Siri의 음성 인식 기능, Galaxy Watch의 심박수 측정 기능 등이 대표적인 On- Device AI 사례입니다.

35.
ELIZA 효과

사람이 Algorithm 기반의 단순한 Computer Program에 대해 감정이나 지능이 있다고 믿고 반응하는 현상을 의미하는데, 1960년대 MIT의 Joseph Weizenbaum이 만든 간단한 대화 Program인 'ELIZA'에서 유래한 용어로, 기계가 실제로는 사용자의 말을 이해하지 못함에도 불구하고, 사용자는 기계가 마치 사람처럼 자신의 말을 이해하고 있다고 착각하게 되는 심리적 현상을 일컫습니다.

ChatGPT를 비롯한 생성형 AI 도구의 대중화로 누구나 인간과 흡사한 AI와 대화할 수 있게 되면서, 사용자들이 AI에 인격과 감정을 투영하는 현상이 급격히 증가하고 있습니다.

2013년에 개봉된 영화 〈Her〉는 AI인 Samantha와 사랑에 빠진 주인공이 사랑의 진정한 의미와 인간 존재의 복잡성을 깨닫는다는 내용을 담고 있습니다. (2014년 5월, 우리나라에서도

〈그녀〉라는 제목으로 개봉되었음)

영국의 AI 기반 교육 기술 개발 회사인 Filtered Technologies의 CEO인 Marc Zao-Sanders는 2025년 4월에 Harvard Business Review에 게재된 "How people are really using gen AI in 2025"이라는 Article에서 생성형 AI 활용 분야 1위가 '심리 상담 및 감정적 동반자'라는 예상을 뒤엎는 결과를 공개하여 많은 이들에게 충격을 주었습니다.

현재 AI는 단순한 정보 검색 도구를 넘어 일상적 대화 상대, 감정적 지지자, 심지어 자신과 제일 가까운 존재로서의 역할까지 수행하며 인간과의 관계가 깊어지고 있는데, 이러한 현상은 사용자의 AI 과의존이나 정서적 유착, 사회적 고립과 같은 새로운 문제를 야기하고 있습니다.

여기에서 더 나아가 ELIZA 효과는 가짜 News 확산, 개인 정보 유출, 심리적 조종 등의 사회적·윤리적 문제와도 연결되는데, 2023년 벨기에에서 그리고 2024년 미국에서 발생한 두 건의 생성형 AI 도구와의 대화 후 극단적 선택을 한 사건은 이러한 우려가 현실화된 사례입니다.

궁극적으로 AI가 언어와 공감 능력까지 모방하게 되면서 '인간이란 무엇인가', '지능의 본질은 무엇인가'라는 근원적 질문이 제기되고 있는데, ELIZA 효과는 인간이 기계와 관계

맺는 방식에 대한 중요한 통찰을 제공하는 개념으로 재조명받고 있습니다.

36.
Emergence(창발, 創發)

AI 분야의 Emergence는 System의 개별 구성 요소에서는 예측할 수 없었던 새로운 능력이나 행동이 전체 System 차원에서 자발적으로 나타나는 현상을 의미합니다.

이를 조금 더 풀어서 설명하면, AI가 학습 Data, Model의 구성 요소, 그리고 학습 Algorithm 간의 상호작용을 통하여, 학습 Data나 명시적 Programming에 없던 능력을 나타내는 현상을 Emergence라고 하는데, 이러한 현상의 발생 원인은 현재까지 규명되지 않고 있습니다.

Emergence Mechanism의 불투명성으로 인하여 AI 개발자조차도 System이 언제, 어떤 새로운 능력을 획득할지 예측하기 어려운 상황입니다. 이로 인해 의도하지 않은 편향이나 치명적 오류가 예고 없이 발생할 가능성을 완전히 배제할 수 없어, 고위험 영역에서 AI를 활용할 때 완벽한 안전성을 확보하는 것은 근본적인 한계를 지니고 있습니다.

Data, 학습 과정, 또는 Model의 규모가 증가함에 따라, 창발적 능력이 나타날 가능성이 커지는 것으로 알려져 있습니다.

Emergence의 대표적인 사례로는 2016년 3월에 있었던 이세돌과 AlphaGo와의 2차전 경기 중 AlphaGo가 둔 제37수를 들 수 있는데, 이 수는 기존 바둑의 상식을 뒤엎는 창의적인 것으로 전 세계 바둑계에 커다란 충격을 주었습니다.

Emergence는 AI 기술 발전에 대한 기대를 높여 AGI의 출현 시기를 앞당길 수 있다는 등의 긍정적인 전망을 낳는 한편, 예측 불가능성과 통제 불가능성에 대한 우려도 함께 불러일으키는 양면성이 있습니다.

37.
Fine Tuning(미세 조정)

이미 학습된 AI Model을 특정 목적이나 특정 Data에 맞게 소량의 추가 학습을 통하여 성능을 최적화하는 과정을 의미합니다.

일반적으로 대규모 Data Set으로 사전 학습된 범용 Model(Pre-trained Model)을 기반으로, 특정 Task(예: 감정 분석, 질의응답 등)나 Domain(예: 의료, 법률, 금융)에 특화된 소규모 Data Set으로 추가 학습을 진행합니다.

※ Pre-trained Model에 대한 설명은 '38. Foundation Model' 참조

38.
Foundation Model (기반 Model)

정의

대규모의 다양한 Data Set으로 사전 학습되어 광범위한 작업에 적용될 수 있는 거대한 AI Model을 의미합니다. 특정 작업에 특화되지 않고, 언어 이해, Image 생성, 추론 등 다양한 기본 능력을 갖추고 있어, 예전에는 번역용 AI, 요약용 AI를 따로 만들어야 했지만, 이제는 하나의 Foundation Model로 번역도 하고 요약도 하는 등 다양한 형태의 일을 처리할 수 있습니다.

관련 용어

1) 사전 학습 Model(Pre-trained Model)

대규모 Data로 미리 학습된 Model을 지칭하는데,

Foundation Model은 Pre-trained Model 중에서도 특히 규모가 크고 범용적인 능력을 갖춘 Model을 의미합니다.

2) LLM(Large Language Model, 거대 언어 Model)

방대한 양의 Text Data를 기반으로 학습하여 인간과 유사한 방식으로 언어를 이해하고 구사할 수 있는 AI Model을 의미하는데, Foundation Model의 하위 범주로, 주로 언어 처리에 특화된 Model을 지칭합니다. 단어, 문장, 문단 간의 복잡한 관계를 파악하고, 이를 바탕으로 자연스러운 Text를 생성하거나 질문에 답변하는 등의 언어 관련 작업을 수행합니다.

초기의 LLM은 Text Data를 기반으로 학습하였으나, 최근에는 Text뿐만 아니라 사진, 그림, 동영상, 음성 등 다양한 형태의 Data를 함께 이해하고 처리할 수 있는 Model들이 등장하고 있는데, 이런 Model을 LMM(Large Multimodal Model)이라고 칭합니다. (정확하게는 Multimodal Large Language Model)

※ Multimodal에 대한 설명은 '46. Multimodal' 참조

LLM의 대표적인 사례로는 GPT, Gemini, Claude, DeepSeek, Grok 등이 있습니다.

3) sLLM (Small Large Language Model, 소형 거대 언어 Model)

LLM에 비해 상대적으로 작은 규모를 가지면서, 특정 작업이나 제한된 환경에서 효율적으로 작동하도록 설계된 언어 Model로, LLM보다 학습 및 운영 비용이 적게 들고, 응답 속도가 빠르며, 특정 분야에 특화된 성능을 보일 수 있다는 장점이 있고, On-premise AI, On-device AI 구현에 활용되고 있습니다.

초기에는 주로 sLLM이라는 표현(또는 소문자 s 대신 대문자 S를 써서 SSLM)을 사용하였으나, 최근에는 sLLM 대신 SLM(Small Language Model, 소형 언어 Model)이라는 표현이 많이 사용되고 있습니다. 간혹 sLLM보다 작은 규모의 Model을 SLM이라고 칭하는 경우도 있습니다.

39.
Green AI

AI 기술 자체의 Energy 소비와 탄소 배출을 최소화하는 동시에, 기후 변화 대응과 재생에너지 최적화 등 Global 환경 문제 해결에 적극 기여하는 AI 기술을 의미합니다.

이는 단순한 기술적 개념을 넘어서 기업의 미래지향적 성장을 견인하는 중요한 전략적 도구로 자리잡고 있습니다. 특히 점차 강화되는 환경 규제에 선제적으로 대응하고, 혁신적인 친환경 Business Model 창출 기회를 제공하며, 기업의 지속 가능한 Brand 가치 구축을 가능하게 하는 전략적 필수 요소로 부상하고 있습니다.

※ AI의 Energy 소비 문제는 '16. AI 전력 소비 문제'에서 상세하게 다룸

40.
Hallucination(오류 생성, 환각)

정의

AI가 의도적으로 거짓말을 하는 것은 아니지만, 잘못된 정보 또는 맥락과 관련 없는 답변을 마치 사실인 것처럼 자신 있게 말하는 현상을 의미하는데, AI가 모르는 것에 대하여 "모르겠습니다"라고 하지 않고, 존재하지 않는 정보를 만들어서 답변하거나 틀린 숫자를 제시하는 경우가 이에 해당합니다.

사람으로 치면 기억이 애매할 때 "확실하지 않습니다"라고 말하지 않고, 그럴듯하게 지어내서 말하는 것과 비슷합니다.

발생 원인

1) 학습 Data의 한계

학습 Data의 범위가 제한적이거나, AI Model이 학습한

Data에 오류나 편향이 있을 경우에 Hallucination이 일어날 수 있습니다.

2) Model 설계의 한계

① 물리적 세계 경험 부족: AI는 실제 세계를 직접 경험하지 않고 Text Data만으로 학습하기 때문에 현실에 대한 이해가 제한적일 수 있습니다.

② 맥락 이해의 어려움: 복잡한 질문이나 모호한 지시에 대해 맥락을 완전히 파악하지 못할 때 발생합니다.

③ 과도한 자신감: AI Model은 불확실한 정보에 대해서도 높은 확신을 가지고 응답하는 경향이 있습니다.

해결 방안

1) AI 운용자 입장

① 고품질 학습 Data 활용 및 정제: 잘못되거나 편향된

Data를 제거하고, 사실에 기반한 Data를 더 많이 학습시키는 방법이 있습니다.

② Model Tuning 및 개선: AI Model 자체의 구조나 학습 방식을 개선하여 사실 검증 능력을 강화하는 방법이 있습니다.

2) AI 사용자 입장

① Prompt Engineering: AI에게 질문하거나 지시할 때, 더 명확하고 구체적인 Prompt를 사용하여 AI가 답변의 범위를 한정하고 사실에서 벗어나지 않도록 유도함으로써 Hallucination을 줄일 수 있습니다. (예를 들어, 원하는 정보의 출처를 명시하게 하거나, AI에게 특정 전문가 역할을 부여)

② RAG(Retrieval Augmented Generation, 검색 증강 생성)를 활용하거나, AI의 답변 내용을 검증하고 이를 AI에게 Feedback 함으로써 Hallucination을 줄일 수 있습니다.
※ RAG는 외부 Data를 검색해 생성형 AI의 응답에 반영함으로써 보다 정확하고 최신의 답변을 생성하는 기술 ('51. RAG' 참조)

41.
Horizontal AI vs Vertical AI

Horizontal AI는 범용 AI(General Purpose AI)라고도 불리며, 특정 산업이나 작업에 국한되지 않고 다양한 분야에서 보편적으로 활용될 수 있는 AI 기술을 의미하는데, GPT, Gemini, Claude, DeepSeek, DALL·E 3 등이 Horizontal AI에 포함됩니다.

Vertical AI는 산업 특화 AI(Industry-Specific AI)로, 의료, 법률, 금융, 제조 등 특정 분야(Domain)의 문제 해결을 위해 맞춤형으로 개발된 AI를 말하는데, 해당 분야의 전문 지식과 Data를 깊이 있게 학습하여 Domain 특화 문제를 보다 정확하고 효율적으로 해결할 수 있습니다.

42.
IoT(Internet of Things, 사물인터넷)

정의

Internet을 통하여 서로 연결된 사물/기기/장치들이 Data를 주고받으며 상호 작용하는 기술 및 Network를 의미하는데, 사람 없이 사물/기기/장치들끼리 실시간으로 정보를 주고받으며 소통할 수 있는 연결망을 구축하는 것이 핵심입니다.

구분

1) 방식에 따른 구분

① 자동 제어(Automated Control): 사전 정의된 규칙이나 AI Algorithm에 따라 인간의 개입 없이 자동으로 상태를 변경

하는 방식을 의미합니다. (예: Google Nest 온도 조절기가 사용자 Mobilet Phone 위치 정보를 활용 귀가 여부를 판단하여 적시에 집안의 적정 온도를 Setting)

② 수동 제어(Manual Control): 사용자가 Smart Phone App 또는 음성 명령을 통하여 실시간으로 직접 사물/기기/장치를 제어하는 방식을 의미합니다. (예: 외출 중 App으로 Gas Valve 잠금)

2) 용도에 따른 구분

Smart Door-Lock, AI 냉장고 등으로 대표되는 가정용 IoT(Consumer IoT)와 Smart 공장, 원격 의료 등으로 대표되는 산업용 IoT(Industrial IoT)가 있습니다.

주요 Issue

IoT 관련 주요 Issue로는 Hacking 위험에 따른 보안 문제 그리고 IoT 기기들이 수집하는 개인정보의 보호 문제 등이 있습니다.

43.
Labeling/Annotation

Labeling

AI Model을 훈련시키기 위해 원시 Data(Raw Data)에 정답 역할을 하는 식별자(Label)를 부여하는 작업을 의미하는데, AI가 Data의 특징을 이해하고 특정 Pattern을 학습할 수 있도록 하는 가장 기본적인 단계입니다.

지도 학습(Supervised Learning)에서 필수적이며, 주로 Data의 분류(Classification) 작업에서 사용됩니다.

※ 지도 학습은 정답이 있는 예시들을 많이 보여주면서, AI가 스스로 그 정답을 맞히는 방법을 배우도록 하는 학습 방식을 의미함('44. Machine Learning, Deep Learning' 참조)

수많은 고양이와 개 사진이 있을 때, 각 사진에 '고양이' 또는 '개'라는 Label을 부여하는 작업, E-mail에 Spam 또는 정상 Label을 달아주는 작업, Text를 읽고 긍정 또는 부정 Label

을 달아주는 작업 등이 Labelling의 예가 될 수 있습니다.

Annotation

Labeling을 포함하는 더 넓은 개념으로, Data에 더욱 상세하고 구조적인 정보를 입히는 과정을 의미하는데, 단순한 이름표를 넘어, Data의 특정 부분에 대한 의미 있는 주석(Annotation)을 추가하는 모든 작업을 포괄합니다.

자율주행 AI를 예로 들면, 도로 이미지상의 각 객체에 '자동차', '보행자', '신호등'과 같은 단순 Label을 붙이는 것을 넘어, 각 객체의 위치를 네모난 상자로 표시하고, 보행자의 어깨, 허리, 무릎 등의 관절 위치를 점으로 표시하는 작업 등이 Annotation에 해당합니다.

※ 초기에는 Labeling과 Annotation을 사람이 전담하였으나, 현재는 AI가 자동 Labeling → 사람이 검수 및 수정(Human-in-the-loop) → 수정 Data를 다시 AI에 재학습시키는 Hybrid 방식이 널리 사용되고 있음

44.
Machine Learning, Deep Learning

Machine Learning

1) 정의

Machine Learning은 사람이 모든 상황과 규칙을 미리 입력해주지 않아도 Computer가 Data로부터 스스로 규칙과 Pattern을 찾아 학습하고, 새로운 상황에서 예측이나 판단을 할 수 있게 하는 AI의 핵심 기술인데, 경험을 통해 성능이 향상되는 특징을 가지고 있습니다.

아이에게 고양이 사진 수백 장을 보여주면, 아이는 "고양이는 뾰족한 귀와 수염이 있다"는 규칙을 일일이 알려주지 않아도 스스로 고양이의 특징(Pattern)을 학습하여 나중에는 처음보는 고양이도 구별해 낼 수 있게 되는데, Machine Learning은 이런 방식을 Computer로 구현한 것입니다.

2) Machine Learning의 유형

Machine Learning은 크게 특정 과제를 처음부터 Data로 배우는 기본 학습(Fundamental Learning)과 기존의 학습된 지식을 재활용하여 효율성을 높이는 전이 학습(Transfer Learning)으로 나눌 수 있고, 기본 학습에는 지도 학습(Supervised Learning), 비지도 학습(Unsupervised Learning), 강화 학습(Reinforcement Learning)이 있습니다.

① 지도 학습(Supervised Learning)

'정답'이 표시된 Data를 가지고 학습하는 방식으로, 예를 들어 '고양이'라고 이름표가 붙은 사진과 '강아지'라고 이름표가 붙은 사진을 학습시켜 둘을 구별하는 방법을 배우게 하는 것에 비유할 수 있는데, Spam Mail 분류, 금융 사기 탐지, 의료 진단(X-ray 사진 판독) 등에 활용되고 있습니다.

② 비지도 학습(Unsupervised Learning)

정답 없이 주어진 Data의 숨겨진 Pattern이나 구조를 찾는 방식으로, 여러 종류의 과일이 섞인 상자에서, 아무런 정보 없이 색깔, 모양, 크기 등의 기준에 따라 과일을 분류하는 방법을 배우게 하는 것과 같은데, 고객 그룹 분류, 자동 Contents/

상품 추천 등에 활용되고 있습니다.

③ 강화 학습(Reinforcement Learning)

보상과 벌칙을 통해 시행착오를 겪으며 학습하는 방식으로, 반려견에게 '앉아' 훈련을 시킬 때, 성공하면 간식(보상)을 주고 실패하면 아무것도 주지 않는(벌칙) 과정을 반복하며 행동을 교정하는 것과 유사합니다.

강화 학습은 특정 환경에서 최적의 행동 전략을 찾아야 할 때 사용되며, AlphaGo가 바둑을 배우거나 자율주행 차가 운전을 배울 때 사용됩니다.

④ 전이 학습(Transfer Learning)

특정 분야에서 학습을 통해 습득한 지식과 능력을 다른 분야나 새로운 작업에 그대로 적용하거나, 약간의 추가 학습만으로 문제를 효율적으로 해결하는 AI 학습 방식으로, 자전거를 탈 줄 아는 사람이 Motorcycle을 배우기가 쉬운 것과 같은 원리입니다.

Deep Learning

Machine Learning의 한 분야로, 인간 뇌의 신경망을 모방하여 사람처럼 스스로 중요한 Pattern을 찾아내는 Algorithm을 의미합니다.

 Machine이 사람이 미리 정한 기준에 따라 학습하는 방식이라면, Deep Learning은 Data로부터 특징 추출과 학습을 동시에 수행하는 특성이 있습니다.

45.
Moravec의 역설(Moravec's Paradox)

인간에게 어려운 고차원적 사고(추론, 수학, 바둑 두기 등)는 AI가 쉽게 해결하지만, 인간에게 쉬운 기본적인 행동(걷기, 계단 오르기, 물체 인식 등)은 AI가 매우 어려워하는 현상을 의미합니다.

이는 인간의 감각과 운동 능력이 수억 년 동안의 진화 과정에서 눈, 귀, 손발이 정교하게 협력하도록 다듬어진 결과로, 우리가 쉽게 하는 행동조차 사실은 고도의 계산 과정의 산물이기 때문입니다.

반면 AI는 이를 Data와 수학적 Model로 처음부터 학습해야 할 뿐만 아니라, 중력과 마찰 같은 물리적 요소가 존재하는 실제 세계에서 충분한 경험을 쌓지 못했습니다. 따라서 인간에게는 당연한 계단 오르기와 같은 기본 행동조차 AI에게는 복잡한 도전 과제가 되는 것입니다.

NVIDIA의 Cosmos('48. Physical AI' 참조)는 Moravec의 역설을 완화하기 위하여 만들어진 대표적인 Platform입니다.

Moravec의 역설은 AI가 인간의 일자리를 대체할 때 예상과 다른 Pattern을 보일 수 있음을 시사하는데, 예를 들어 AI 시대에 전문직보다 단순 육체노동이 더 오래 남을 가능성이 있습니다.

46.
Multimodal

AI가 서로 다른 형태의 Data를 동시에 이해하고 처리하는 능력을 의미하는데, 복잡한 현실 세계의 다양한 형태의 Data를 통합적으로 해석하고 대응하는 데 핵심 역할을 합니다. 여기에서 Modal은 Data의 형태를 뜻하는데, Data의 형태는 Text, 이미지, 음성, 영상, Sensor Data(IoT, 생체신호 등) 등이 있습니다.

47.
Parameter

AI가 학습 과정에서 Algorithm에 의해 자동으로 조정되는 수치 값으로, 이 값들이 최적화되면서 Model은 점점 더 정교해집니다. 이러한 과정을 Radio의 주파수 Dial을 적절히 조정하여 원하는 방송을 선명하게 들을 수 있는 것에 비유할 수 있습니다.

학습 Algorithm에 의해 최적화되는 Parameter 값은 주로 가중치(Weight)와 편향(Bias)으로 구성됩니다.

① **가중치(Weight)**: 입력된 정보가 얼마나 중요한지 결정하는 값을 의미하는데, 예를 들어, '고양이 사진을 구분하는 AI'라면 고양이의 귀 모양은 중요하게(높은 가중치), 배경색은 덜 중요하게(낮은 가중치) 여기도록 조정됩니다.

② **편향(Bias)**: 최종 결과를 미세하게 조정하는 값으로, 요리할 때 마지막에 소금을 조금 넣어 맛을 조절하는 것과 비슷합니다.

ChatGPT 같은 대규모 AI Model에서는 Parameter의 약 90% 정도가 가중치로 이루어져 있는데, AI가 새로운 것을 학습할 때는 마치 학생이 오답 풀이를 통해 다음에는 같은 실수를 하지 않도록 하면서 실력을 조금씩 키워가는 것처럼, 일반적으로 Parameter 값들을 조금씩 수정하여 틀린 부분은 줄이고, 맞힌 부분은 강화하며 점점 더 정확한 답을 찾아가는 과정을 밟습니다.

널리 알려진 LLM의 경우 Parameter의 수가 수백억 개에서 1조 개 정도인데, Parameter의 수가 많을수록 더 정확하고 유용한 결과를 낼 가능성이 높아지지만(규모의 법칙), AI Model 구동에 막대한 비용이 들어가며 과적합(Overfitting)의 문제가 발생할 수 있습니다.

이와 같은 Parameter 수의 증가에 따른 문제점을 해결하기 위하여, 최근에는 단순히 Parameter 수를 늘리는 대신 Model의 효율성을 높이거나, 더 적은 Parameter로도 좋은 성능을 낼 수 있는 (증류로 대표되는) 경량화 기술에 대한 연구가 활발히 진행되고 있습니다.

Parameter와 대비되는 용어로 Hyperparameter가 있는데, Parameter는 Model이 스스로 조정하는 값인 반면, Hyperparameter는 마치 요리를 시작하기 전에 불의 세기, 조리 시간 등을 미리 정하는 것처럼 AI Model이 학습을 시작하기 전에 사람이 직접 설정해야 하는 값들로, Model이 얼마나 빨리 학습할지, 몇 번 반복해서 훈련할지, 한 번에 얼마만큼의 Data를 학습할지 등의 전체적인 학습 과정과 성능을 좌우하는 중요한 조절 장치 역할을 합니다.

48.
Physical AI

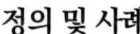

정의 및 사례

NVIDIA의 CEO인 Jensen Huang이 강조하는 용어인데, 단순히 Digital 세상에 머무는 기존 AI를 넘어, 물리적인 세계를 이해하고 그 안에서 실제로 상호작용하며 작업을 수행할 수 있는 AI를 의미합니다.

우리가 흔히 아는 AI는 주로 Computer나 Smart Phone 안에서 Data를 분석하거나 대화를 나누는 데 사용되지만(예: ChatGPT, Suno), Physical AI는 현실 세계에서 움직이고, 보고, 판단하며 물리적인 일을 수행합니다.

Physical AI는 중력과 마찰과 같은 물리 법칙과 3차원 공간에 대한 이해를 바탕으로 실제 환경과 상호작용하는 것을 목표로 하는데, 대표적인 사례로 자율주행 차, Robot 청소기 등을 들 수 있습니다.

관련 용어

1) World Foundation Model(WFM)

실제 세계를 Digital로 복제해 AI가 안전하게 학습하고 연습할 수 있도록 하는 AI Model로, Text, Image, Video 등 다양한 형태의 Data를 바탕으로 물리적 환경의 변화를 예측하고 Simulation합니다.

2025년 1월 CES(Consumer Electronic Show, 매년 1월 Las Vegas에서 열리는 소비자 가전 전시회)에서 NVIDIA가 전면에 내세워 유명해진 개념인데, WFM을 활용하여 자율주행 차나 Robot 청소기가 현실 세계에서 발생할 수 있는 상황을 미리 경험하고 대응할 수 있습니다.

언어 기반으로 세상을 이해하는 Large Language Model과 대비되는 개념으로, WFM보다는 'Large World Model'이라는 표현이 더 적절하다고 보는 견해도 있습니다.

2) RFM(Robot Foundation Model)

WFM의 하위 개념으로서, WFM이 이해한 물리적 세계의 포괄적 지식을 활용하여, Robot이 물건 집기나 집안 청소와 같은 특정 작업을 주어진 환경에 적응하며 효율적으로 수행할 수 있도록 돕는, Robot에 특화된 AI Model입니다.

3) Cosmos

Cosmos는 개발자들이 방대한 Video Data를 활용하여 자율주행 차, Robot 등 물리적 AI를 위한 Foundation Model을 생성, 훈련, 배포 및 Simulation할 수 있도록 지원하는 Computing Platform입니다. 그리고 이러한 Platform을 통해 생성된 결과물이 WFM입니다.

Cosmos는 2025년 CES에서 NVIDIA가 Cosmos World Foundation Model이라는 용어를 사용하여 세상에 알려지기 시작했습니다.

49.
Platform

정의

Platform이란 용어가 다양한 분야에서 폭넓게 사용되다 보니, 서로 다른 의미로 받아들여져 혼란이 발생하는 경우가 많이 있습니다. 이는 Platform이 '기반(Infrastructure)', '생태계(Ecosystem)', 그리고 'Biz Model'을 동시에 가리키기 때문입니다.

Platform에 대한 다양한 해석이 있지만, 일반적으로 다음과 같이 정의할 수 있습니다.

Platform이란 간단히 말해 "무언가를 올릴 수 있는 토대, 기반, 장(場)"입니다. 이를 풀어 설명하면, "다양한 주체들이 제품·Service·기능을 올리고, 연결하며, 확장할 수 있도록 구조화된 기술적·운영적 기반"을 의미합니다. 그리고, 이러한 Platform의 핵심 가치는 '공유를 통한 효율성과 확장성'에 있습니다.

유형/구분

1) 기술 Platform(Technical Platform)

Software나 Service, Contents 등이 작동할 수 있도록 도와주는 기술적 기반 구조 즉, App이나 Service를 올려놓을 수 있는 기술적 무대를 의미하는데, Android나 iOS와 같은 운영체제(Operating System)가 대표적인 기술 Platform입니다.

2) 제조 Platform(Manufacturing Platform)

공통된 부품, 구조, 공정 등을 기반으로 다양한 제품을 효율적으로 생산할 수 있는 물리적 기반을 의미합니다.

자동차 산업에서 Platfom은 여러 차종이 공유하는 기본 구조를 의미합니다. 구체적으로는 섀시(Chassis), Engine 배치, Suspension System 등 차량의 기본 골격과 핵심 부품들을 표준화한 것으로, 이러한 Platform을 기반으로 Sedan, SUV, Hatchback 등 다양한 차종을 개발할 수 있어 개발 비용을 줄이고 효율성을 높일 수 있습니다.

3) Business Platform

생산자(또는 판매자) 집단과 소비자 집단을 중개·연결하고 거래를 통하여 가치를 창출하게 해주는 Business 구조를 의미합니다.

직접 생산을 하지 않으며 재고에 대한 책임도 없고, 중개·연결에 대한 대가인 수수료 또는 광고가 주 수입원인데, 대표적인 예로는 배달의 민족, Airbnb, Google Play, Uber, YouTube 등이 있습니다.

2010년 이후 Platform 기업, Platform 경제, Platform Business 등의 용어가 많이 쓰이는데, 여기에서의 Platform은 Business Platform을 의미합니다.

우리나라의 On-Line Shopping Mall을 살펴보면, Naver Store는 중개만을 담당하므로 Business Platform으로 분류되어야 하고, 다이소몰은 자체적으로 Sourcing한 상품에 대하여 재고 책임을 지며 팔기 때문에 Business Platform이 아닌 유통 Service라고 부르는 것이 타당합니다.

4) 생태계 Platform(Ecosystem Platform)

생태계 Platform(Ecosystem Platform)이라는 용어가 있는데, 이는 Platform의 유형이라기보다는 바로 앞에서 기술한

Platform들의 진화 형태에 가까운 개념입니다.

잘 만들어진 '기술 Platform(예: Android)' 위에서 성공적인 'Business Platform(예: Google Play)'이 운영될 때, 수많은 외부 개발자와 Partner(결제 Partner, Contents 제공 Partner 등) 그리고 사용자들이 유기적으로 연결되어 가치를 창출하는 '생태계 Platform(예: Google 생태계)'이 만들어집니다.

50.
Prompting, Prompting Engineering, Prompt Template

Prompt

ChatGPT, Perplexity, Gemini와 같은 생성형 AI 도구에게 무엇을 해달라고 요청하는 입력 문장을 의미합니다. 즉, 사용자가 AI에게 원하는 작업이나 정보를 질문이나 명령문의 형태로 자연어로 전달하는 것을 말합니다. (생성형 AI 도구의 입력창에 입력하는 "오늘 오후 2시 광화문 날씨를 알려주세요"와 같은 문장)

Prompting

AI에게 Prompt를 주고 반응(AI로부터의 답 또는 결과물)을 얻는 일련의 과정을 뜻하는데, 단순히 질문이나 지시를 던지는 것이 아니라 질문 방식, 맥락 제공(질문 또는 지시를 하는 배경 등), 후속 요청 등의 조정을 통하여 원하는 답이나 결과물을 이끌어 내는 일련의 소통 방식을 의미합니다.

Prompt Engineering

AI로부터 더 정확하고 유용한 답이나 결과물을 이끌어 낼 수 있도록 Prompt를 정교하게 설계하고 다듬는 기술인데, 예를 들어 "아래 기사 내용을 요약해줘"라고 하기보다 "아래 기사 내용을 핵심 내용만 포함해서 3줄로 요약해줘"처럼 구체적이고 명확하게 지시하는 것이 더 유용한 결과물을 얻을 수 있습니다.

Prompt Template

생성형 AI 도구와 효과적으로 소통하기 위하여 미리 만들어둔 질문이나 지시문의 틀을 말합니다. 사용자는 Template의 변수 부분을 자신의 상황에 맞게끔 바꿔 가면서 쉽고 편하게 사용할 수 있습니다. (최근 AI Early Adopter들 사이에서 각각의 생성형 AI 도구별 특성에 맞게 최적화된, 즉 생성형 AI 도구가 최선을 다하여 임무를 수행할 수 있게끔 하는 Prompt Template을 생성형 AI 도구를 활용하여 만드는 것이 유행하고 있는데, 이렇게 해서 탄생한 ChatGPT용 Prompt Template의 간단한 예는 다음과 같음)

"당신은 경력 10년 차의 노련하고 경험 많은 경영 전략

Consultant입니다. 아래에 제시된 상황을 분석하고, 핵심 문제를 진단한 후 실현 가능한 전략적 대안을 2~3가지 제시해 주세요. 각각의 대안에 대해 예상 효과와 단점을 함께 설명해 주시고, 마지막에 가장 추천하는 대안을 이유와 함께 명시해 주세요."

[이하 상황 설명]

51.
RAG(Retrieval Augmented Generation, 검색 증강 생성)

RAG를 우리말로 풀면 '검색으로 강화된 생성'이라 할 수 있습니다. RAG가 적용되지 않은 생성형 AI 도구는 자신이 학습한 내용만을 바탕으로 답변이나 결과물을 생성합니다. 반면, RAG가 적용된 생성형 AI 도구는 외부 Data Base나 문서를 먼저 검색해 필요한 정보를 확보한 뒤, 이를 학습된 내용과 결합하여 답변이나 결과물을 생성합니다. 즉, RAG는 생성형 AI가 단순히 학습 Data에 의존하는 것을 넘어 외부 정보를 참고함으로써 보다 정확하고 신뢰할 수 있는 결과를 내도록 돕는 기술입니다.

또한 RAG는 실시간 정보를 활용하기 때문에 Hallucination(오류 생성, 환각)을 줄이는 데 효과적이며, 일반적으로 새로운 Data를 학습시키는 것보다 비용과 시간이 덜 드는 장점이 있습니다.

52.
Sovereign AI

정의

AI 기술, Infrastructure, Data 등을 외국에 의존하지 않고 자국 내에서 통제하고 활용하는 AI 생태계 또는 전략을 의미합니다. Sovereign AI는 기술 독립성뿐만 아니라 법적 통제권, Data 보호, 안보 이슈도 포함되는 개념으로, Data와 기술 주권을 통해 국가의 산업 경쟁력과 안보를 지키는 전략적 개념입니다. 또한 Sovereign AI는 언어 및 문화적 편향성 해소, 비판적 사고와 다양성 유지 측면에서도 중요한 의미를 가집니다.

자체 Model 보유, Data의 자국 내 저장 여부, Cloud 통제권 등이 AI Sovereignty(AI 자주권)의 판단 기준이 되는데, Sovereign AI의 대표적 사례로는, 중국의 DeepSeek와 Europe의 기술적 자주권과 Data 주권을 강화하려는 목적으로 AI 기술을 개발하고 있는 Mistral AI의 Mixtral Model 등이 있습니다.

관련 용어

1) From Scratch

"아무것도 없는 처음 상태에서부터 시작한다"는 뜻으로 요리에 비유하자면, 완성된 소스를 사서 쓰는 것이 아니라 간장, 올리브유, 마늘 등 기본 재료부터 직접 준비해서 소스를 만드는 것과 같습니다.

Google이나 OpenAI 같은 해외 기업의 기존 Foundation Model을 가져와 일부 수정하는 것이 아니라, AI Model의 기초 설계부터 Data 수집 및 학습, Algorithm 구현까지 모든 과정을 독자적인 기술로 수행하는 접근법을 의미합니다.

단순히 '처음부터 만들기'를 넘어, "자국의 기술력으로, 자국의 Data를 이용해, 자국에 최적화된 AI를 만들어 기술 독립을 이루고 AI 주권을 확보한다"는 전략적 의미를 가집니다.

2) EU의 AI Act

2024년 제정된 세계 최초의 포괄적 AI 규제로, AI 기술의 안전성 확보와 기본권 보호를 주목적으로 하나, AI System에 대한 법적 통제권 강화, Data 주권 확보, Europe 내 AI 생태계 육성이라는 측면에서 Sovereign AI의 개념을 법적, 정책적으로 적극 반영하였다는 평가를 받고 있습니다.

53.
Stargate Project

 2025년 1월, Trump 미국 대통령에 의하여 발표된 미국의 AI 패권 확보를 위한 초대형 민관 Project로, 2029년까지 최대 5,000억 달러(약 700조 원)를 투입하여 미국 전역에 세계 최대 수준의 AI 전용 Data Center들을 구축하는 것을 중심 목표로 합니다.

 이 Project의 실행 조직은 합작회사인 Stargate LLC이며, 주요 투자자로는 OpenAI, SoftBank, Oracle, MGX(Abu Dhabi 투자청)가 참여하였습니다.

 언론 보도에 따르면 OpenAI와 SoftBank는 각각 약 190억 달러를, Oracle과 MGX는 각각 약 70억 달러를 투자할 계획이 있는 것으로 알려졌습니다. (Oracle과 MGX 합하여 70억 달러를 투자할 계획이 있다는 보도도 있음)

 이를 통해 구축될 Data Center는 2029년까지 총 전력 소비

10GW 규모, 수십만 개의 GPU 그리고 초고속 통신망 등 핵심 Infrastructure를 갖추게 되어, 미국 내 AI 훈련의 핵심 거점 역할을 수행하도록 설계되었습니다.

이 Project의 본질적인 목적은 AI 기술 주도권 확보, 산업 구조의 AI 중심 재편, Global 영향력 확대에 있으며, Trump 행정부는 이를 국가 전략 사업으로 간주하고 규제 완화와 연방 차원의 Infrastructure 지원을 선언하였습니다.

54.
Token(토큰)

사전적으로는 표시, 징표를 의미하는데, AI 분야에서는 Text를 구성하는 기본 단위를 의미합니다. AI가 인간의 자연어를 이해하기 위해서는 Input Text를 조각내야 하는데, 이렇게 조각난 Text의 최소 단위를 Token이라고 합니다.

AI 운용 비용과 응답 시간은 Token 수와 비례하며, 대부분의 AI Model은 한 번에 처리할 수 있는 최대 Token 수가 제한되어 있습니다. 따라서 AI의 효율적 활용을 위한 Token 수 최소화가 현재 AI 분야의 중요한 이슈 중 하나인데, Token 병합(Token Merging), 효율적 Token화(Efficient Tokenization), Model 구조 개선(Model Architecture Improvement) 등의 Token 수 최소화 방법들이 현재 활발하게 논의되고 있습니다.

언어 구조적 차이, 띄어쓰기 방식과 음절 단위 표현의 차이로 인하여 같은 뜻을 전달하는 데 한글은 영어보다 평균적으로 약 30~50% 더 많은 Token이 소모됩니다. 이러한 한글의 특성 때문에 우리나라의 경우 Token 수 최소화가 AI 분야의 더욱 중요한 과제가 되고 있습니다.

55.
Zero Click

보안 분야에서의 Zero Click

사용자가 Link를 Click하거나 File을 열지 않아도, Message나 E-mail이 도착하는 순간 Hacker의 악성 Code가 기기에 침투해 정보를 빼내거나 기기를 제어하는 공격을 의미합니다.

일반적인 공격은 Link를 Click하거나 File을 열 때 Spyware가 잠입하지만, Zero Click 공격은 Message나 E-mail이 도착하는 순간, 또는 카카오톡, WhatsApp 등의 통신 App 또는 문자 Service(SMS, MMS)가 Message를 확인하고 종류를 분류하는 과정에서 자동적으로 악성 Code가 설치됩니다.

Zero Click 공격은 사용자의 주의로만 방어하기 어려우므로, Mobile Phone, Tablet PC, Notebook PC 제조업체 차원의 방어(OS 보안 강화 등)가 필요합니다.

UX(User eXperience) 분야에서의 Zero Click

1) 정의

Zero Click 검색은 사용자가 검색창에 질문을 입력한 후, 검색 결과 화면에서 직접 필요한 정보를 얻는 방식을 의미합니다.

기존의 검색 방식처럼 검색 결과 화면에 나오는 URL을 Click하여 필요한 정보를 얻는 대신, 사용자가 원하는 정보가 검색 결과 화면에 바로 표시되어 추가적인 Click이 필요 없어집니다. (Zero Click은 사용자의 근본적인 정보 탐색 행태의 변화를 시사하는 용어임)

Naver의 'AI 브리핑'과 Google의 'AI 개요(AI Overview)'는 생성형 AI를 활용한 Zero Click 검색의 대표적인 사례입니다.

Zero Click은 사용자 입장에서는 빠르고 편리하지만, News Site나 Blog 같은 Contents 제공자는 방문자 감소로 광고 수익이 줄어들 수 있습니다.

2) 영향 등

Zero Click 검색으로 Web Site 방문이 15~25% 이상 감소할 것으로 예상되는데, 이는 언론사나 Contents 제작자의 광

고 수익 감소를 초래합니다.(예: News 기사 Click 대신 AI 요약만 확인)

광고주의 입장에서는 'AI 브리핑'이나 'AI 개요'에 자사의 Brand 등이 포함될 경우, 적은 비용으로 Brand 인지도를 향상시킬 수 있는데, 이를 위해서는 첫째, 사용자의 질문에 짧고 명확한 답을 제공할 수 있는 고품질 Contents를 만들어야 하고(예: 제목, 소제목, 목록 등을 활용해 정보를 구조화하여 검색 Engine이 내용을 쉽게 이해하고 요약할 수 있게 해줌), 둘째, 최신 정보와 신뢰할 수 있는 출처를 표시하여 Contents의 신뢰도를 높여야 하며, 셋째, 자사의 Web Site 등을 검색 Engine에 맞게 최적화하여야 합니다.

연구에 따르면 Zero Click은 UX 관점에서 '사용자 편의성'과 '양질의 Contents 접근성'이라는 두 가지 가치가 충돌하는 지점에 위치하고 있습니다. 사용자가 원하는 정보를 즉시 얻는 것이 좋은 UX인 것은 분명하지만, 이는 장기적으로 양질의 Contents를 생산할 동기를 꺾어, 결과적으로 사용자에게 제공될 정보의 양과 질을 떨어뜨릴 수 있는데, 이 균형점을 찾는 것이 Zero Click 분야의 중요한 과제로 떠오르고 있습니다.

또한, 검색 Engine이 Web Site의 Contents를 요약하여 보

여줄 때, 원저작자의 권리가 어떻게 보호되어야 하는지에 대한 법적, 윤리적 논의도 Zero Click과 관련된 중요한 Issue입니다.(원저작자의 권리가 적정 수준에서 보장되지 않으면, 양질의 Contents를 만드는 동기가 줄어들어 결국 전체적인 지식생태계의 질적 하락을 초래할 수 있음)

   2025년 6월 30일, EU의 '독립 출판사 연합(IPA)'은 Google의 AI Overviews가 출판사의 Contents를 무단 활용하여 Traffic과 수익을 잠식하고 있다고 주장하며, EU 집행위원회에 Google의 검색 시장에서의 지배력 남용 문제를 공식적으로 제기하였고, AI Overviews의 잠정 중단을 요구하였습니다.

56.
Zero Shot/Few-Shot Learning

개요

Zero Shot/Few-Shot Learning은 제한된 Data로 Machine Learning Model을 학습시키는 방법론입니다.

Zero Shot/Few-Shot Learning을 논하기 위해서는 우선 Class라는 개념을 알아야 하는데, Class는 Data가 속하는 특정 Category 또는 범주를 의미합니다. 예를 들어, '강아지', '고양이', '말'이 각각 하나의 Class가 되고, '정상 Mail', 'Spam Mail'이 각각 하나의 Class가 됩니다.

정의 등

1) Zero Shot Learning

학습 과정에서 보지 못했던, 즉 훈련 Data에 존재하지 않았던 Class(Unseen Class)의 Data를 Model이 분류하는 능력을 의미합니다.

Zero Shot Learning의 핵심 Idea는 보조 정보(Auxiliary Information)를 활용하여 이미 알고 있는 Class(Seen Class)와 모르는 Class(Unseen Class) 간의 관계를 학습하는 것인데, 예를 들어, Model이 얼룩말의 Image를 본 적이 없더라도, 얼룩말은 '줄무늬가 있는 말이다'라는 속성 정보를 학습했다면, 처음 보는 얼룩말 Image를 보고 얼룩말이라고 예측할 수 있습니다.

2) Few-Shot Learning

Class당 아주 적은 수(보통 Class당 1~5개 Sample)의 훈련 Data만으로 Model이 새로운 Data를 정확하게 예측하도록 학습하는 기법인데, Data 수집 비용이 높거나 Data가 희소한 경우에 유용합니다.(1개의 예시만 사용하는 경우를 One-Shot Learning이라고 부름)

3) 의의

Zero Shot/Few-Shot Learning은 인간의 학습 방식과 유사하게 적은 Data만으로도 일반화가 가능하다는 점에서 AI

의 실용성과 효율성을 크게 향상시키는 핵심 기술로 평가 받고 있는데, 특히 Data 수집이 어렵거나 비용이 많이 드는 영역에서 Model의 활용도를 극대화할 수 있어, AGI 구현의 중요한 단계로 평가되고 있습니다.

4) Meta Learning

'학습하는 방법을 학습하는 것'으로, AI Model이 다양한 작업에 적응할 수 있도록 학습 전략 자체를 학습하는 접근 방식을 의미합니다.

기존의 지도 학습이 대규모 Data를 활용하는 단일 작업에 최적화된 방식임에 반하여, Meta Learning은 적은 Data와 다양한 작업 환경에서 유연하게 동작할 수 있도록 설계되어 있어, 전이 학습과 더불어 Few-Shot Learning 구현의 핵심 기술로 각광 받고 있습니다.